KB002128

프로이트의 『꿈의 해석』 읽기

세창명저산책_071

프로이트의 『꿈의 해석』 읽기

초판 1쇄 인쇄 2020년 5월 4일
초판 1쇄 발행 2020년 5월 11일

—

지은이 이경희
감 수 임진수
펴낸이 이방원
기획위원 원당희
편 집 송원빈·김명희·안효희·윤원진·정우경·최선희
디자인 손경화·박혜옥·양혜진
영 업 최성수 **기획·마케팅** 정조연 **업무지원** 김경미

—

펴낸곳 세창미디어
출판신고 2013년 1월 4일 제312-2013-000002호
주소 03735 서울시 서대문구 경기대로 88 냉천빌딩 4층
전화 02-723-8660 **팩스** 02-720-4579
이메일 edit@sechangpub.co.kr **홈페이지** http://www.sechangpub.co.kr/

—

ISBN 978-89-5586-610-0 02180

ⓒ 이경희, 2020

_ 이 책에 실린 글의 무단 전재와 복제를 금합니다.

이 도서의 국립중앙도서관 출판예정도서목록(CIP)은 서지정보유통지원시스템 홈페이지(http://seoji.nl.go.kr)와 국가자료종합목록 구축시스템(http://kolis-net.nl.go.kr)에서 이용하실 수 있습니다.(CIP제어번호 : CIP2020016416)

_ 이미지 출처: https://commons.wikimedia.org/wiki/File:Sigmund_Freud_(1856-1939).png

세창명저산책_**071**

Sigmund
FREUD

이경희 지음

프로이트의 『꿈의 해석』 읽기

세창미디어
M E D I A

"꿈만 같다." 사람들은 몹시 바라던 바를 이루었을 때 그렇게 말한다. 우리는 '꿈은 소원성취'라는 것을 알지 못하지만 '말'은 그것을 이미 표현하고 있다. 낫 놓고 기역 자인 줄 모르는 상황이다. 한편으로는 지난 세월이 아득해져 문득 현실감을 잃은 듯할 때 '꿈만 같다'라고 말한다. 그 역시 우리가 의식하지 못하는 다른 무대, 꿈의 무대에서 살다가 이곳으로 와 문득 느끼는 아득함과 허망함을 말한다. 지금 나는 '꿈만 같다.' 비중으로 말하자면 후자가 무겁다. 『프로이트의 《꿈의 해석》 읽기』의 쓰기를 일단락 짓고 서문을 쓰려고 보니 말이다.

매일 밤 꿈을 꾸는 우리. 내가 꾸는 꿈을 해석할 수 있다고? 난 같은 꿈을 반복적으로 꾸는데, 그건 왜 그런 것이며, 또 그 꿈은 무슨 의미일까? 그렇게 생각을 해 보지 않은 사람은 없을 것 같다. 그런 만큼 프로이트의 『꿈의 해석』은 우리의 눈길을 잡아당긴다. 그러나 일반 독자의 경우 막상 그 700여 쪽의 책을 펼쳐 들고 혼자 힘으로 끝까지 읽어 내기란 결코 쉽지 않다. 십중팔구 백 페이지를 넘기지 못하고 포기하거나, 읽는다 해도 결국 활자만 후르르 훑어 갈 뿐이다. 인문고에서 오랫동안 역사를 가르쳐 온 나 역시 마찬가지였다. 프로이트의 텍스트와의 인연은 아쉽게도 무척 늦게 시작되었다.

프로이트를 제대로 읽고 싶은, 나와 같은 일반 독자들이 기댈 수 있는 곳은 어디에도 없었고, 내가 알기로는 지금도 없다. 〈프로이트 읽기〉가 정규 커리큘럼으로 짜인 교육기관은 한국의 어디에도 없고, 간간히 대중 강좌로 개설되는 정신분석 강좌들이 목마른 사람들의 갈증을 달래고 있지만 그것들도 라캉에 치우쳐 있다. 프로이트를 건너뛰는 〈라캉 읽기〉는 혹 허공 걷기가 아닐까? 다행이라면 아쉬운 대로 프로이트 전집이 우리말로 번역되어 있다는 것이다. 번역 때문에 종종 더 어려움을 겪긴 하지만 말이다.

이런 저간의 상황에서 정신분석에 관심은 깊지만 평범한 일반 독자인 내가 『프로이트의 《꿈의 해석》 읽기』를 쓰게 된 것은, 전적으로 대구에 자리한 '프로이트 라캉 학교'에서 열리는 임진수 선생님의 열정적이고 촘촘한 〈수요세미나〉의 힘이다. 임진수 선생님의 〈수요세미나〉는 2002년에 시작되어 지금까지 18년간 쉼 없이 계속되어 왔고, 지난 여름 500회를 훌쩍 넘어섰다. 2010년 서울에서 임진수 선생님의 프로이트 정신분석 강좌를 접한 나는 눈과 귀가 번쩍 뜨이는 경험을 했고, 주저 없이 수요일마다 서울에서 대구를 오르락내리락한 것이 10년째이다. 어디에서도 읽을 수도 들을 수도 없었던, 프로이트로부터 라캉으로 넘어가는 세미나의 길목마다 전율하며 기쁨으로 갈증을 덜어 냈다. 특히 정신분석에 가까이 다가간 것은 '프로이트 텍스트로 돌아가자'라는 기치를 걸고 프로이트 텍스트들을 읽는 〈수요세미나〉에서였다. 2015년 3월 『히스테리 연구』(1895)부터 시작한 세미나는 1년 반 동안 프로이트 텍스트들을 거쳐 2016년 7월 마지막 『정신분석학 개요』(1938)까지 이어졌다. 그 이전 2014년에 정신분석 용어해설과 번역 문제에 대한 세미나까지 마친 참이었다.

그로부터 시작된 우리의 『꿈의 해석』 읽기는, 『꿈의 해석』 읽기의 쓰기에 이르렀다. 따라서 이 책은 우리 '프로이트 라캉 학교'의 산물이다. 임진수 선생님의 풍부하고 치밀한 〈수요세미나〉를 중심으로 동료들과 주고받은 결과물이다. 마지막엔 임진수 선생님의 감수를 거쳤다. 나는 부족한 손길을 보탰을 뿐이다. 물론 쓰기의 기쁨도 괴로움도 컸다. 프로이트가 꿈-작업을 설명하기 위해 부분적으로만 해석한 꿈들이, 쓰기를 거치면서 전체적으로 해석이 될 때는 어리둥절할 정도로 기뻤다. 그 기쁨 역시 프롤라의 것이라고 생각한다. 프롤라 ―프로이트 라캉 학교의 애칭이다― 에서 차후 프로이트 읽기의 쓰기가 거듭될 수 있으리라 생각하는 이유이다. 누군가는 『재담과 무의식의 관계』를, 『성이론에 대한 세 편의 논문』을, 『무의식』과 『격리』를, 누군가는 『욕동과 욕동의 운명에 대하여』를, 누군가는 『토템과 타부』를, 더 나아가 『예술작품과 정신분석』을 이어 쓰게 될 것이다.

앞에 이어 개인적인 이야기를 덧붙이려 한다. 프로이트 라캉 학교의 〈수요세미나〉, 그리고 매달 열리는 정신분석 사례 슈퍼비전 모임은 한결같이 나를 대구행 기차로 이끈다. 내려갈 때는 피로하지만, 밤기차로 서울에 올라올 때는 늘 맑음이다. 오르락내리락 기차 안에서 나 자신에게 묻는다. 왜 프로이트를 읽는가? 왜 정신분석인가? 삶의 고통 때문이다. 우리의 삶은 어떤 의미로든 심리적 고통으로 점철되어 있다. 고통이 곧 향락일지라도 말이다. 그 고통은 장소와 시기에 따라 다른 것 같지만 대개는 반복적이다. 우리는 반복적이라는 것을 문득 깨닫는다. 그리고 그 고통은 나 밖의 현실이 아니라 나 자신으로부터 비롯된다는 것도 알게 된다. 그 고통의 뿌리는 무엇이고 왜 그것은 반복되는 걸까? 앎이 고통을 없애 주지는 못하지만 살 만한 정도로 덜어 줄 수는 있다. 프로이트 정신분석의 시작은 히스테리 환자들의 고통에 대한 탐구였다. 그런 의미에서 프로이트의 정신분석의 시작은 인간의 고통이다.

스스로에게 묻는 또 다른 물음이 있다. 〈나는 누구인가?〉 생각의 감옥으로 고통받는 나, 고통의 뿌리를 파 보고 싶은 나, 그래서 프로이트의 텍스트를 읽으려는 나 … 그러나 그 어떤 나도 '나'가 아니라는 생각이 든다. 잃어버린 '나'가 있는 것만 같다. 어디론가 빠져나간 '나'가 있는 것 같다. 나는 누구인가라는 질문에 대한 가장 논리적이며 설득력 있는 답은, 아니 그 답을 찾아가는 길은 정신분석에서 찾을 수 있다고 생각한다.

두 물음과 답은 모두 정신분석의 알파요 오메가인 〈무의식〉에 가닿아 있다. 그리고 〈꿈의 해석은 심리의 무의식적 활동을 알게 하는 왕도이다.〉

『꿈의 해석』을 읽으려다 필자처럼 좌절한 독자들도, 고통의 정신분석에 관심을 갖고 있는 독자들도, 부족하지만 이 책을 디딤돌로 프로이트의 『꿈의 해석』을 펼쳐 들 수 있기를 바란다.

2020년 4월 이경희

| CONTENTS |

1. 이 책의 인용문은 열린책들의 『프로이트 전집』(전 20권, 1996~1998) 중 『꿈의 해석』에 국한하였다. 따라서 인용문의 출처 및 그에 대한 각주는 생략하였다.

2. 열린책들의 『꿈의 해석』의 일러두기에는 그 번역에 사용한 프로이트 전집을 다음과 같이 소개하고 있다.

   열린책들에서 사용한 번역대본은 독일 피셔 출판사(S. Fischer Verlag) 간행의 『지그문트 프로이트 전집(Sigmund Freud Gesammelte Werke)』과 현재까지 발간된 프로이트 전집 가운데 가장 충실하고 권위 있는 전집으로 알려진 제임스 스트래치(James Strachey) 편집의 『표준판 프로이트 전집(The Standard Edition of the Complete Psychological Works of Sigmund Freud)』을 사용하였다. 그러나 각 권별 수록 내용은 프로이트 저술의 발간 연대기순을 따른 독일어판 『전집』이나 주제별 편집과 연대기적 편집을 절충한 『표준판 전집』보다는 『표준판 전집』을 토대로 주제별로 다시 엮어 발간된 『펭귄판』을 참고하였다.

3. 열린책들의 『꿈의 해석』에서 〈억압〉이라고 번역한 용어를 필자는 〈격리(억압)〉로 표기하였다. 그 이유를 간략히 밝힌다.

   프로이트가 사용한 독일어 Verdrängung은 우리나라에서 〈억압〉이라는 정신분석 용어로 이미 굳어졌다. 그러나 Verdrängung의 대상은 〈표상〉이지 정동이 아니다. 프로이트는 "Verdrängung의 본질은 오직 〈격리〉와, 의식으로부터 〈멀리 떼어 내기(거리 두기)〉에 있다(「억압에 관하여」, 139쪽)"라고 분명히 말한다. 문제는 Verdrängung의 번역어로 우리가 사용하고 있는 〈억압〉은 내리누른다는 뉘앙스를 갖고 있다는 것이다. 이 뉘앙스 때문에 억압의 대상을 표상이 아니라 정동이라고 오인한다. 따라서 일반 독자들로 하여금 무의식을 표상이 아니라 어떤 정동이라고 오인하게 만드는 것이다. 그러나 정동은 결코 무의식을 이루지 않는다. 정동은 오히려 Unterdrückung되었다가 의식에 어떤 심리적 에너지로서 알려진다. 따라서 무의식을 이루는 표상에 대해서는 〈Verdrängung(격리)〉, 의식으로 밀고 올라오는 정동에 대해서는 〈Unterdrückung(억압)〉이라는 용어가 적확하다고 본다. 그러나 억압이라는 용어가 이미 굳어져 있어서 타협책으로 격리(억압) 또는 그대로 격리라는 표기를 선택했다.

1장
꿈의 해석

꿈은 '수면 중의 환각'이다. 물리적 현실의 세계가 아닌데도 실제 현실처럼 지각하니 말이다. 꿈을 꾸고 나면 우리는 현실이 아닌 '다른 무대'에서 실제로 살고 온 것처럼 느낀다. 어떤 꿈은 너무나 생생해서 깨고 난 후의 현실이 비현실이고, 꿈의 장소가 현실처럼 느껴지기까지 한다. 우리의 육체가 수면 중일 때 우리가 '살고' 오는 그 꿈의 무대가 바로 〈무의식의 지대〉이다. 그 무의식의 지대에는 또 다른 '나'가 있는 게 아닐까? 아마 그 다른 나가 진짜 나[眞我]일지도 모른다. 라캉Jacques Lacan의 말대로 '나는 생각하는 곳에 존재하지 않고, 생각하지 못하는 곳에 존재'하니 말이다. 그럼 꿈이 곧 무의식일까? 그렇지는 않다. 꿈은 그 무의식의 형성물이다. 정확하게는 무의식과 전의식의 합작품, 즉 타협물이다. 그 무의식이 대체 무엇이기에 실제 살고 온 것 같은 꿈을 만들어 낸단 말인가? 또 왜 꿈을 만들어 낸단 말인가? 그 꿈속에선 어째서 터무니없고 알 수 없는 일들이 일어나는 걸까? 꿈의 비밀이 드러나면 무의식이 무엇인지 알 수 있는 걸까?

무의식은 노력한다고 기억해 낼 수 있는 것이 아니다. 무의식은 망각된 기억이 아니라 절대로 잊히지 않는 격리(억압)된 표상으로 구성되어 있으며 의식화가 불가능하다는 의미에서 무의식이다. 그것은 우리 의식에 위장, 변형된 모습으로만 드러나 그 존재를 추론할 수밖에 없는 어떤 것이다. 그 무의식의 형성물로서 위장, 변형된 모습으로 드러나는 것, 그게 바로 꿈이다. 따라서 우리는 바로 그 꿈을 통해서 '무의식'으로 한 발 접근할 수 있을 뿐이지 그것이 무엇인지 직접적으로 알 수는 없다. 무의식은 항상 변형·왜곡되어 나타나니 우리는 눈앞에 두고도 거의 모르고 지나친다. 그 꿈이 무의식의 형성물이라면 그건 무의식의 메시지이다. 다른 무대에 있는 '나'가 깨어 있는 현실의 '나'에게 보내는 메시지 말이다. 반복해서 꾸는 꿈이라면, 나도 모르는 곳에 있는 내가 거듭 메시지를 보낼 만큼 중대한 것이리라. 더구나 반복적인 꿈은 대개가 악몽이기 쉽다. 우리가 반복적인 그 악몽의 메시지를 읽지 않는다면? 무의식은 다른 방식으로 우리에게 메시지를 보낼 것이다. 무엇으로? 증상으로 나타나 우리를 고통에 빠뜨릴 것이다. 그 증상 역시 무의식의 형성물이지만 꿈과 달리 우리를 고통스럽게 한다. 무의식이 우리에게 말을 거는 방법이 또 있다. 나도 모르는 사이에 하는 실수나 실언, 순간 떠오르는 재담이 그것이다. 실수나 재담도 무의식의 형성물이다. 프로이트Sigmund Freud의 『꿈의 해석』은 이전의 저술 『히스테리 연구』의 연장선상에 있으며, 이것이 이후의 저서 『일상생활의 정신 병리학』과 『재담과 무의식의 관계』로 이어지는 데는 그만한 근거가 있다. 우리는 무의식을 잊고 살지만, 무의식은 결코 우리를 잊지 않고 꿈으로, 증상으로, 실수로, 재담으로, 끊임없이 의식으로 회귀하여 자신의 존재를 드러낸다. 내 심리 안의 다른 무대에서 무의식이 보내는 메시지, 꿈을 해독한다면 내가 뻔히 알고 있다고 생각하는 '나'가 아닌 진짜 '나', 진아眞我를 만나는 대단한 사건이 될 것이다.

그러나 우리는 꿈의 그 다른 무대를 인정하지도 않고 가정조차 하지 않는다. 깨어 있는 동안의 의식적 세계 안에 자신의 모든 것이 속해 있다고 굳게 믿고 있다. 꿈속에서 만난 그 지인을 현실에서 만났을 때, "당신이 내 꿈에 나타났었어, 나한테 …라고 하던데?" 하면서 마치 그 지인이 깨어 있는 현실에서 내게 그런 말을 한 것처럼 생각한다. 상대방 역시 자신이 현실에서 꿈꾼 당사자에게 어떤 의미가 있는 존재인 듯 느낀다. 꿈에 나타난 그 지인은 꿈꾼 사람에게 중요한 누군가의 대체물이기 십상인데 말이다. 다른 무대의 꿈을 그대로 현실의 무대에 옮겨 그 의미를 생각하고 있는 것이다. 혹은 흔한 해몽법에 의해 획일적으로 해석하기도 한다. 똥 꿈은 돈 꿈이야, 내게 돈이 생기려나 보다, 하는 방식으로 말이다. 우리는 때로 반복적인 악몽을 꾼다. 현실보다 더 생생하게 끔찍한 꿈을 반복적으로 꾸고 고통스러워하면서도 꿈이 보내는 메시지에 눈을 감고 귀를 닫고 있는 것이다.

그러나 꿈에는 분명 의미가 있다. 우리 심리 안의 다른 무대에서 오는 메시지, 해독해 달라고 오는 메시지이다. 해독될 때까지 끊임없이 찾아오는 메시지 말이다. 더구나 반복적인 꿈이라면 간절히 해독을 원하는 것이리라. 다른 무대에서 같은 장면을 생생하게 매번 '살고' 있는데 어찌 그 꿈에 아무 의미도 없다고 생각할 수 있겠는가?

프로이트는 꿈이 심리적 형성물이라는 점을 밝혀냈다. 이와 더불어 인류 최초로 꿈을 해석하는 합리적인 방법과 꿈이 어떻게 형성되며 왜 정체를 알 수 없게 변형·왜곡되는가에 대한 해답을 찾아냈다. 그는 『꿈의 해석』 1장 첫머리에서 다음과 같이 말한다.

> 다음에서 나는 꿈을 해석할 수 있는 심리학적 기술이 존재하며, 이 방법을 적용하면 모든 꿈은 깨어 있는 동안의 정신 활동에 포함시킬 수 있는 뜻 깊은 심리적 형성물로 드러난다는 것을 증명하려 한다. 나아가 어떤 과정들 때문에 꿈이 정체를 알 수 없는 생소한 것으로 보이는지 명백하게 밝히고 그 과정들에 상호 협력하거나 반발하여 꿈을 만들어 내는 여러 가지 심리적 힘들의 본성을 귀납적으로 추론할 생각이다. ─『꿈의 해석』 21쪽.

프로이트는 『꿈의 해석』 1장에 무려 110쪽을 할애하면서 선사시대부터 당대까지 수천 년간 전개된 꿈에 대한 선행연구들을 꼼꼼히 짚는다. 실증적 임상자료에 토대를 두고 펴낸 『히스테리 연구』와 『과학적 심리학 초고』에서 이미 인간의 심리 체계를 그리고 있던 그에게는 무척 성가신 작업이었을 텐데도 선행연구들을 갈무리하면서 주제별로 정리한다. 꿈에 대한 선행연구들을 총괄할 수 있으려면 '꿈'에 대한 모든 물음들에 대한 답을 가지고 있어야 한다. 선행연구들은 "개별적으로는 가치 있는 인식일지라도 어느 한 방향을 따른 발전은 볼 수 없다. 확실한 성과들을 토대로 기초가 형성되어 뒤이은 사람이 앞선 연구를 이어받는 게 아니라 누군가 새로운 책을 쓸 때마다 같은 문제를 또다시 시작한다." 프로이트의 이 말은 선행연구자들이 꿈의 일면적인 가치는 찾을 수 있었지만 꿈에 대한 보편적 원리에 도달할 수 없었던 상황을 요약해 준다. 그는 "그 어떤 연구에서도 꿈의 본질을 파헤치거나 수수께끼를 해결해 놓은 것은 찾을 수 없었다."

프로이트의 『꿈의 해석』(1900)은 선행연구에 거의 빚진 바 없이 이루어진다. 그는 이미 『히스테리 연구』(1895)와 『과학적 심리학 초고』(1895)에서 실증적 임상자료에 토대를 두면서 인간의 심리 체계와 정신분석의 기초적 원리를 구축했다. 따라서 『꿈의 해석』은 선행연구들과는 차원을 달리할 수밖에 없다. 히스테리나 강박관념의 병증의 심리에서 나아가, 정상적이며 보편적인 인간의 꿈을 통해 인간의 심리 체계와 정신분석적 원리를 다시 확인하며 완성하는 과정이라고도 볼 수 있다. 꿈에 관련된 모든 물음들과 꿈을 꾸게 되어 있는 보편적 인간 심리구조에 가닿기까지의 사유 과정이 촘촘히 서술되어 있는 저술이 『꿈의 해석』이다. 한국어 번역본으로 700여 쪽에 달하는 방대한 저술에서 그는 자신의 꿈들을 여럿 해석해 낸다. 출간된 지 150년이 지난 지금도 그가 탐구해 낸 꿈의 해석 방법론과 꿈의 이론은, 한국에 사는 우리를 생생하고도 직접적인 꿈-해석으로 안내할 뿐만 아니라, 인간의 심리 체계에 대하여 실증적이고도 체계적인 이론을 제공한다. 당시 그는 정신과 의사로서 환자들의 꿈들을 직접 접하고 있었지만, 본격적인 해석의 재료로는 거의 인용하지 않는다. 환자들의 사적인 심리생활을 보호한다는 측면도 있지만, 지극히 '정상인'인 자신의 꿈을 드러내놓고 해석함으로써 보편적인 심리 체계로 우리를 이끌고 있다. 그의 솔직하고 치밀하면서도 그의 생애에 밀착된 풍부한 해석은 볼 때마다 감탄사가 절로 나온다. 그는 1,000여 개 이상의 꿈을 해석했다고 한다. 프로이트의 사유를 따라가며 쓰는 이 글은 꿈의 해석의 방법론뿐만 아니라, 다른 무대에서 꿈이 만들어지는 꿈-작업, 꿈의 비밀에서 드러난 인간의 보편적 심리 구조에 이르는 기나긴 탐색의 여정을 포함하게 될 것이다. 혹 이 글을 읽으면서 자신의 꿈을 기록하게 된다면, 그리고 그 의미를 읽어 준다면 각자의 생애에 '사건'이 되지 않을까? 꿈을 기록하고 꿈-해석에 이르는 길을 걸어 보기를 권한다.

1. 꿈-내용과 꿈-사고, 그리고 꿈-해석

프로이트는 최초로 꿈-해석에 이르기 위한 개념적 도구를 창안해 낸다. 바로 〈꿈-내용〉과 〈꿈-사고〉이다. 어떻게 꿈-내용과 꿈-사고라는 개념으로 꿈-해석에 이르는 걸까? 프로이트는 『꿈의 해석』 2장에서 자신의 꿈인 〈이르마의 주사 꿈Der Traum von Irmas Injektion〉을 사례로 내세워 꿈-내용과 꿈-사고를 기록하면서 꿈의 의미에 이르는 방법을 우리에게 낱낱이 제시한다.

꿈은 보통 시각적 장면으로 이루어져 있다. 꿈-내용은, 전날 밤 꾼 꿈을 '말'로 기록한 것이다. 우리가 말하는 꿈은 바로 이것, 꿈-내용이다. 프로이트 이전의 모든 꿈-연구자들은 이 〈외현적인 꿈-내용〉만을 실마리로 삼아 꿈을 해석하려 했다. 그들 중 보편적이며 합리적인 꿈-해석에 이른 연구자는 물론 없었다. 프로이트는 〈외현적 꿈-내용〉에, 〈자유연상〉이라는 방법으로 새로운 심리적 재료를 추가한 〈잠재적 꿈-내용〉, 즉 꿈-사고라는 개념을 발명한다. 이제 꿈-내용과 꿈-사고라는 도구로 〈꿈-해석〉에 이르는 길, 프로이트가 인류사 최초로 내어 놓은 길에 발을 내디뎌 보자.

1) 꿈-내용에 관하여

꿈을 해석하려면 우선 전날 꾼 꿈을 기록해야 한다. 기록하지 않으면 곧 망각되기 때문이다. 그 기록한 것을 꿈-내용이라고 한다. 꿈을 기록한다는 것은 일면 아주 단순하지만 조금만 생각해 보면 곧 여러 의문들이 생겨난다.

첫째, 꿈-내용이 꿈-자체와 같을까? 누구든 이 물음에 대해서 고개를 저을 것이다. 꿈-자체는 알 수 없다. 다만 깨어난 후에 기억나는 것만을 기록할 뿐이니까 꿈-내용은 꿈-자체의 부분일 수밖에 없다. 더구나 꿈-자체는 대체로 시각적 장면으로 되어 있어 장르로 비유하자면 영화이며, 꿈-내용은 그것의 기록이니 문학에 해당한다. 꿈-자체에서 꿈-내용으로 가는 길은 장르의 건너뜀이니, 서술 방법이나 그 내용에 있어 둘은 본질적으로 같을 수 없다.

둘째, 꿈-내용은 언제 기록해도 다 같은 내용일까? 꿈에서 본 인물이 A였는데, 기록하다 보니 B로 변해 있기도 하며, 심지어는 어떤 내용이 추가되기도 한다. 꿈-내용을 기록하는 시기나 꿈꾼 사람의 상황에 따라 망각되기도 하고, 내용이 바뀌기도 하고, 첨가되기도 하며, 심지어 재구성되기까지 한다. 우리의 기억은 '객관적 사실'로 이루어지지 않기 때문이다.

셋째, 꿈은 꾸고 난 후 시간이 흐를수록 기억할 수 있는 내용이 현저히 줄어든다. 단 한 장면만이 남아 있는 경우도 있고 전혀 생각이 나지 않는 경우도 있다. 물론 깨어난 후의 일상생활이 우리 심리를 점령하면서 꿈이 망각되는 것은 자연스러운 현상이기도 하다. 하지만 프로이트는 꿈-망각을 별도의 제목으로 잡아서 서술하고 있을 만큼 중요시하고 있다. 그는 망각을 일종의 '저항'이라고 본다. 자기도 모르게 꿈-내용을 검열하면서 억압한다는 것이다. 꿈은 무의식의 형성물인데 저항, 억압,

망각은 꿈을 통해 드러나는 무의식의 기미에 대해서 눈을 감는 행위라고 볼 수 있다.

그렇다면 꿈-자체의 일부분일 뿐인, 심지어는 변형되고, 적을 때마다 달라지는 확정적이지 못한 이 꿈-내용이 어떤 의미가 있는 걸까? 그럼에도 꿈-해석이 가능하기는 한 걸까? 라는 의문이 들 수밖에 없다.

프로이트는 그렇다 해도 꿈-내용으로 기억나는 것은 어떤 것이든 모두 기록할 것을 권한다. 되도록 깨어난 직후에 기록하는 것이 좋겠지만, 그렇게 하지 않아도 해석이 가능하다. 단 한 장면, 단 하나의 단어만으로도 꿈-해석은 이루어진다. 우리의 사고는 어떤 원리에 의해 그물망처럼 얽혀 있어 하나의 낱말 꼬투리로 그 그물망에 근접하게 갈 수 있기 때문이다. 또 꿈-내용을 적으면서 꿈-내용이 달라지는 부분에 대해서는, 이 달라지는 것까지도 꿈으로 포함한다. 꿈-작업의 연장이라고 여기면서 달라지는 그것까지도 기록하면 된다. 왜 그런지는 뒤에 가서 알게 될 것이다. 떠오르는 꿈에 저항하면서 꿈-망각이 계속되면 어떻게 쓸 것인가? 무의식은 계속 의식으로 출몰하면서 끊임없이 꿈을 만들어 낸다. 잊으려야 잊을 수 없다. 무의식은 절대 잊히지 않는, 그러나 있는 그대로 의식하기는 불가능한 격리(억압)된 표상이다. 그것은 우리가 해석해서 의미를 찾아 줄 때까지 절대 잊히지 않고 변형되어 또 다른 꿈으로 찾아온다. 꿈이 생각나지 않는다면 언젠가 또 꾸게 된다. 생각나지 않는 것은 개의치 않아도 된다. 그러나 우리는 꿈-내용이든 꿈-해석이든 확정적인 의미에 닻을 내릴 수는 없다는 것을 잊지 말아야 할 것이다.

대체 이 불확정적인 꿈-내용을 어떻게 써야 한다는 것인가? 한마디로 생각나는 것만 빠짐없이 낱낱이 기록하면 된다. 아주 사소한 것까지, 판단하거나 선별하지 말고 생각나는 대로 쓰면 된다. 판단 중지. 이게 가장 중요한 원칙이다. 판단 내지 검열이 개입되면 꿈-내용은 망각되고 변형되고 재구성되기 마련이다. 판단이 개입될수록 꿈-해석의 길은 멀어지거나 왜곡될 수밖에 없다.

둘째, 아주 디테일하게 소설 쓰듯이 묘사한다. 꿈-내용은 일종의 문학 텍스트이다. 누구나 다 꾸는 똥 꿈의 예를 들자면, 그 똥의 색깔, 냄새, 모양, 농도 등을 디테일하게 묘사해야 한다. 똥 꿈이라고 해서 모두 의미가 같다면 해석이 왜 필요하겠는

가. 그 똥 꿈이 내 꿈이기 위해서는 내 꿈에 나타난 그 똥의 디테일이 묘사되어야 한다. 꿈-내용은 현실에서 보면 때로는 터무니없고 불쾌하기 짝이 없으며 모호하고 지리멸렬하지만, 분명 내 심리 안에서 전개된 사고임에 틀림없다. 그것에는 '내가 알 수 없는 나의 심리'의 역사가 담겨 있는 것이다.

2) 꿈-사고에 관하여

자, 이렇게 꿈-내용을 생각나는 대로 낱낱이 디테일하게 썼다. 프로이트는 그 꿈의 의미를 알기 위해서는, 즉 해석하기 위해서는 꿈-사고를 찾으라고 한다. 그러기 위해서는 우선 꿈-내용을 그 구성 요소로 분해해야 한다. 여기서 구성 요소란 의미 있는 최소 단위를 말한다. 그 구성 요소들 하나하나에 대하여 떠오르는 것들을 절대 판단하지 말고 있는 그대로 낱낱이 기록하라는 것이다. 이것이 바로 프로이트가 창안한 '자유연상'의 기법이다. 뜬금없이 떠오르는 생각은 물론 아주 사소한 것, 터무니없다고 여겨지는 것도 모두 편견 없이 낱낱이 묘사하라는 것이다. 사실 꿈-내용은 확정적인 것도 아니지만, 어떤 구성과 스토리를 지닌 것도 아니다. 깨어난 후 꿈-내용을 떠올릴 때 마치 하나의 스토리처럼 구성되어 있는 것은, 꿈이 우리 의식에 도달하려는 일종의 가공이자 속임수다. 꿈은 무의식과 전의식이라는 두 기억 조직의 혼합물 ―어지럽고 지리멸렬해 보이지만 일정한 언어기호의 법칙으로 혼합된― 일 뿐이다. 따라서 우선 기억의 혼합물인 꿈-내용을 혼합 이전의 상태로 분해하는 작업이 필요하다. 꿈의 원재료로 해체되어야만 해석이 가능하다. 그 원재료들의 혼합물이 바로 꿈이기 때문이다.

　꿈-내용을 구성 요소로 분해한다는 것은 무슨 뜻일까? 꿈의 원재료를 찾아가는 일일 터이다. 그걸 이해하기 위해 '분석'이라는 용어를 살펴보자. 분석analysis이란 본디 화학 용어이다. 분석의 기본이 바로 물질을 각 구성 요소로 분해하는 것인데, 화학에서 구성 요소로 분해할 때는 두 단계가 있다고 한다. 먼저는 어떤 물질을 쪼개 나갈 때 그 물질적 특성을 가진 최소 단위, 즉 분자로의 분해가 있다. 여기까지는 그 물질의 고유성을 유지하고 있지만, 다음 단계로 넘어가면 분자로부터 원자, 전자, 원자핵 등의 다른 차원의 분해로 넘어간다. 이 두 번째 단계에서는 물질성이 완전히 사라진다는 점에 주목하자. 언어학에서도 일차분절은 의미 있는 최소 단위, 즉 형태소로의 분해이고,

이차분절은 의미 없는 것, 즉 음소로의 분해이다.

　이러한 점에 비춰볼 때, 꿈-내용을 구성 요소로 분해한다면 어디까지 해야 하는 걸까? 앞서 예로 든 똥 꿈을 보자. 그 똥을 냄새, 색깔, 형태 등의 구성 요소로, 다시 말하면 똥의 물질성이 사라지는 구성 요소로까지 나누라는 것이다. 이에 대하여 자유 연상을 하면 어떤 결과가 벌어질까. 〈똥〉의 색깔이 〈노란색〉이었다고 하자. 노란색에 대한 자유연상으로 제일 먼저 〈애인의 스웨터 색깔이 노란색〉이 떠올랐다면 똥의 물질성 내지 똥의 범주를 벗어나 [똥 → 노란색 → 애인의 노란 스웨터 → 어머니가 떠준 스웨터 …] 이렇게 되면서 똥에서 벗어나 다른 차원과 장면으로 넘어간다. 이렇게 떠오르는 생각들은 아무런 연관 없이 떠오르는 것 같지만 그 내용이나 발음과 철자의 어떤 공통성이나 유사성, 혹은 인과성을 타고 흘러간다. 검열이나 판단으로 그 길을 막거나 바꾸지 않는다면 말이다. 프로이트는 인간의 심리에 떠오르는 모든 생각 중에 '자의적'인 것은 없다고 말한다. 자유연상으로 떠오른 생각들은 유사성, 인접성, 인과성 등을 따라 가며 꿈-내용을 완전히 벗어나 다른 국면으로 바뀌어 간다. 이럴진대 똥 꿈의 의미를 꿈-내용의 〈똥〉에서만 찾는다면 영원히 꿈의 의미에 도달하지 못한다. 하나 더 예를 들어 보자. 꿈속의 대화는 꿈-내용의 맥락에서 만들어진 대화가 절대 아니다. 꿈-작업에 포섭된 기억 속의 대화일 뿐이다. 그 대화도 때로는 기억 속 대화의 두세 낱말들이 합성된 것일 수도 있다. 따라서 그 대화가 유래한 기억의 구성 요소를 찾아서 자유연상으로 가야 한다.

이렇듯 꿈의 구성 요소를 실마리로, 떠오르는 생각을 낱낱이 기록한 것을 꿈-사고 또는 잠재적 꿈-내용이라고 한다. 이 꿈-사고를 따라갈 때도 역시 중요한 원칙이 있다. 아주 사소한 것이라고, 너무 자명한 것이라고 해서, 이런 게 뭐 중요한가 하면서 제쳐 놓으면 안 된다. 사소하고 자명할수록 중요한 뭔가를 숨기고 있을 수 있다. 떠오르는 생각에 대해서 모든 비판과 판단을 중지하고 떠오르는 대로 낱낱이 빼놓지 않고 써야 한다. 꿈-해석에 실패했다면 바로 판단 때문이다. 꿈-내용에 대한 비판과 판단이 꿈의 원재료로 가는 길을 막는다. 프로이트는 판단 중지란 깊이 사고하는 것이 아니라 자신을 관찰하는 것, 즉 편견 없이 바라보는 것이라고 말한다. 비판하지 않고 바라보는 데 성공하면 평상시 파악할 수 없었던 수많은 생각들이

의식에 떠오른다. 꿈의 모든 구성 요소마다 이런 식의 자유연상을 통해 떠오른 생각을 기록한 것이 꿈-사고, 잠재적 꿈-내용이다. 앞서 프로이트가 말했듯이 알 수 없는 기호로 되어 있는 〈외현적 꿈-내용〉은, 자유연상을 통해 기록해 보면 '깨어 있는 동안의 정신 활동에 포함시킬 수 있는 뜻 깊은 심리적 형성물 〈잠재적 꿈-내용〉', 즉 꿈-사고로 드러난다.

3) 꿈-내용과 꿈-사고의 연결, 그리고 꿈-해석

그러면 둘 중 어떤 것이 꿈일까? 놀랍게도 둘 다 꿈이다. 꿈은 꿈-내용과 꿈-사고, 적어도 두 개의 꿈으로 이루어져 있는 것이다. 둘 다 그 내용이 확정적이지 않음은 이미 파악했거니와 그 둘의 관계는 어떤 것일까? 더 나아가서 꿈은 무의식의 형성물이라고 했는데, 무의식은 두 꿈의 어디에 위치해 있으며 도대체 꿈은 어떻게 만들어지는 걸까?

꿈-내용과 꿈-사고는 어떻게 다를까? 꿈-내용에는 이해되지 않는 낯선 표상들이 가득하고, 표상들 간의 흐름도 마구 뒤섞여 있다. 때로는 이해 가능한 스토리로 구성되지만 때로는 지리멸렬해서 전후 맥락을 따지기가 불가능할 정도이다. 그에 비해 꿈-사고는 깨어 있을 때 우리가 사용하는 낱말들로 기술되어 있으며 논리적으로 맥락이 닿아 있어 그 의미 파악이 쉽다. 둘째, 꿈-사고는 꿈-내용보다 몇 배나 길어지기 십상이다. 꿈-내용의 구성 요소별로 자유연상을 한 결과물이니 그 양은 꿈-내용의 몇 배에서 몇십 배일 수도 있다. 또한 꿈-사고에는 꿈-내용을 적을 때, 저항으로 망각된 부분이나 달라진 부분들도, 달라지기 이전의 내용과 함께 포괄되어 기술될 것이다. 그렇기 때문에 프로이트는 꿈-사고를 모두 찾아낼 수 있다고 말한다.

꿈-사고, 잠재적 꿈-내용을 기록하다 보면 그것이 걷잡을 수 없이 확산되리라 생각하기 쉽다. 그러나 이 꿈-사고의 줄기들은 서로 얽히고설키면서 몇 개 또는 하나의 지점으로 수렴된다. "꿈-사고는 일반적으로 결말이 없고, 그물처럼 얽혀 있는 무리의 사고 체계와 사방으로 맞닿아 있다. 균사체에서 버섯이 고개를 쳐드는 것처럼, 그물이 보다 조밀한 부분에서 꿈의 소원이 생겨나는 것이다"(『꿈의 해석』 612쪽). 좀 더 밀고 나가 보자. 꿈-사고의 줄기들은 회오리처럼 돌면서 여러 지점으로, 마지막으로 하나의 지점으로 수렴된다. 그 마지막 하나의 지점이 바로 무의식으로 내려가는 접점은 아닐까? 그 무의식은 회오리를 치게 하는 어떤 힘이 솟아나는 구멍일지도 모른다.

참으로 이상한 것은 아주 중요한 꿈-사고의 몇 개의 지점들은 꿈-내용과는 거리가 멀거나 심지어는 꿈에 나타나지 않을 수도 있다는 점이다. 이를테면 꿈-내용으로 보면 분명 '똥'이 중심 요소인 꿈이었는데, 꿈-사고의 흐름들이 조밀하게 얽힌 공통적 부분은 '애인'이거나 '돈' 혹은 다른 어떤 것일 수 있다. 정작 꿈-내용의 중요 구성 요소인 '똥'은 꿈-사고에서는 사소한 역할에 그치거나 아예 나타나지 않는 경우가 태반이다. 이렇듯 꿈-내용에서 중요한 것이 꿈-사고에서는 의미 없이 사소한 것이거나, 또는 그 반대로 꿈-내용에서는 사소한 것이 꿈-사고에서는 심리적 가치가 큰 것일 수 있다. 그렇다면 방대하면서도 몇 개의 사고 줄기로 수렴되는 꿈-사고가 수면 중에, 첫째는 적은 양의 꿈-내용으로 압축되고, 둘째는 변형·왜곡되는 것이 아닐까? 그렇다. 잠재적 꿈-내용이라는 명칭에서도 드러나듯 이 잠재적 꿈-내용, 즉 꿈-사고가 바로 외현적 꿈-내용으로 압축되고 변형·왜곡되는 것이다. 꿈-사고가 꿈-내용으로 변형되는 어떤 심리적 메커니즘이 있음을 짐작할 수 있다. 우리 심리는 다른 무대에서 이 꿈-사고를 꿈-내용으로 바꿔 버리는 작업 능력이 있는 것이다. 프로이트는 꿈-내용의 구성 요소에서 자유연상을 통해 꿈-사고를 찾아내어 꿈-해석에 이르는 방법을 창안했음은 물론, 거꾸로 꿈-사고에서 꿈-내용으로 가는 메커니즘까지 추론해 냈다. 그리고 그 메커니즘에 〈꿈-작업〉이라는 이름을 부여한다. 프로이트는『꿈의 해석』6장에서 260여 쪽을 할애하여 꿈-작업의 비밀을 낱낱이 밝히고 있다. 꿈-작업에 관해서는 2장에서 상술하겠지만 여기서 잠깐 꿈-내용과 꿈-사고, 꿈-해석과 꿈-작업의 관계를 도표로 살펴본다.

〈도표 1〉

꿈-사고는 꿈에서 깨어난 후 각성상태에서 기록한 것이며 꿈-해석 역시 각성상태에서 이루어진다. 반대의 과정인 꿈-사고로부터 꿈-내용이 만들어지는 꿈-작업은 수면 중에 '다른 무대'에서 이루어진다. 꿈-작업 중에는 도대체 어떤 일이 일어나는 것일까? 우선 꿈-사고의 압도적으로 많은 양이 그보다 훨씬 적은 양의 꿈-내용으로 바뀐다. 꿈-작업 '압축'의 결과이다. 또 다른 꿈-작업은 '이동'으로, 꿈-사고에서는 거듭되는 중요한 표상의 강도를 꿈-내용에서는 아주 사소한 것으로 이동시켜 그 사소한 것을 부각시킨다. 강조점의 이동이자 일종의 위장, 왜곡이다. 이 압축과 이동이 바로 꿈-작업의 두 수레바퀴이다. 그 외에도 꿈-사고의 추상적 사고조차도 꿈-내용에서는 마치 영화 장면처럼 시각적으로 묘사하는 형상화가 있다. 꿈-사고가 압축과 이동, 형상화를 거쳐 알 수 없는 혼합물이 되는 데도 꿈-내용이 이해 가능한 어떤 스토리처럼 구성될 때가 많다. 이 합리성을 가미하는 것이 이차적 가공이라는 꿈-작업이다.

여기서 우리는 자명하고도 아주 중요한 것을 알 수 있다. 꿈-내용과 꿈-사고는 결국 같은 내용이라는 점이다. 각성 중의 꿈-사고가 수면 중의 꿈-작업 —압축과 이동, 형상화, 이차적 가공— 을 통해 다르게 표현된 것이 꿈-내용이 아닌가? 이제 우리는 프로이트의 놀랍고도 명료한 명제에 이르렀다.

꿈-사고와 꿈-내용은 하나의 내용을 두 개의 다른 언어로 묘사
하는 것과 같다.　　　　　　　　　　　　　　　　　— 『꿈의 해석』 335쪽.

"더 정확히 말하면 꿈-내용은 꿈-사고를 다른 표현 방식으로
옮겨 놓은 것 같다"(『꿈의 해석』 335쪽). 꿈-사고와 꿈-내용은 같
은 내용인데 다른 두 언어로 쓰인 텍스트라는 것이다. "꿈-사
고는 즉시 이해할 수 있는 반면, 꿈-내용은 다른 언어로 쓰인
것처럼 이해하기가 어렵다." "꿈-내용은 마치 상형문자로 씌
어 있는 것 같기 때문에, 기호 하나하나를 꿈-사고의 언어로 옮
겨 놓아야 한다." '번역'이 필요한 것이다. 프로이트는 꿈-내용
의 상형문자를 상형, 즉 그림으로 읽으면 번역이 되지 않는다
고 역설한다. 꿈의 시각적 형상은 그림이 아니라 그것은 하나
의 상형문자라는 것이다.

　우리는 독수리가 앉아 있는 형상, 사자가 엎드린 형상 등의
이집트 상형문자를 기억한다. 이집트 상형문자의 해독 과정을
통해, 우리는 꿈-내용의 상형문자를 꿈-사고의 언어로 번역

하는 것이 어떤 것인가를 추론할 수 있다. 샹폴리옹Jean-François Champollion은 로제타 스톤Rosetta Stone의 상형문자 중에서 고유명사 〈프톨레마이오스〉의 발음을 나타내는 상형문자는 반복될 것이라 추정하고, '[ptolemaeos] 프톨레마이오스'라는 소릿값에 해당하는 상형문자들을 찾아낸다. [p]의 소릿값을 갖는 상형문자는 (□), [t]의 소릿값을 갖는 상형문자는 (◠), [o]의 소릿값을 갖는 상형문자는 (♌), [l]의 소릿값에 해당하는 (🦁), [m]의 소릿값에 해당하는 (🦅), [a]의 소릿값을 갖는 문자 (🦅), [e]의 소릿값을 갖는 상형문자 (◣◢), [s]의 소릿값을 갖는 상형문자 (〡)를 각각 찾아냈다. 따라서 (□◠♌🦁◣◢🦅🦅◣◢♌〡)라는 상형문자가 '[ptolemaeos] 프톨레마이오스'로 발음되면서 독해된다. 그러는 가운데 독수리 모양의 상형문자는 독수리와 전혀 관련이 없는 하나의 소릿값에 해당하는 발음기호임이 드러난다. 샹폴리옹은 이와 같은 방식으로 각각의 상형문자에 해당하는 소릿값을 찾아내어 해독해 낸다. 다른 말로 하면 시각적인 상형문자를 청각적인 말로 번역했음을 의미한다. 모든 시각적 문자란 사실상 발음기호로서 그 소릿값으로 읽어 줄 때 그 의미가 드러남을 알 수 있다. 따라서 프로이트의 말처럼 상형문자를 하나의 상형의 가치로 읽으면 해독의 길을 잘못 든 것이다.

그렇다면 꿈-해석이란 상형문자로 된 무의식의 언어, 꿈의 언어를 해독하는 것에 다름 아니다. 상형문자라는 시각적 언어 기호로 이루어져 있는 꿈-내용을, 청각적으로 발음해서 말로 바꿔 주면 꿈-내용이 해독된다. 즉 우리가 소리 내어 쓰는 말, 꿈-사고의 말로 바꿔 주는 번역 작업을 통해 우리는 그 의미를 알 수 있다. 꿈-내용은 이해하기 어려운 언어기호, 즉 상형문자 이지만 꿈-사고는 우리가 충분히 이해할 수 있는 언어기호로 표현한 것이니까 말이다. 그렇다면 꿈-내용을 꿈-사고로 표현 하는 것, 그것이 바로 꿈-해석이 아니겠는가. 시각적인 꿈-내 용(상형문자)을 청각적인 꿈-사고(음성언어)로 바꾸어서 두 꿈을 연결시켜 주는 것 자체가 해석이다.

프로이트는 이 텍스트에서 200여 개의 꿈을 해석한다. 꿈들 은 각각 자신의 확정된 의미에 닻을 내릴 수 있는 걸까? 꿈-내 용도 꿈-사고도 확정될 수 없는 터에 그것은 불가능하다. 꿈-사고를 새롭고 달리 거듭 찾을 때마다 그 의미들도 달라질 수 밖에 없다. 그럼에도 꿈을 해석하는 건 무엇 때문일까? 두 꿈,

꿈-내용과 꿈-사고를 연결하다 보면 우리는 그 안에서 얽힌 실타래가 풀리는 경험을 하게 된다. 얽힌 실타래는 우리에게 알 수 없는 고통이다. 그것이 풀리면서 아하, 그래서 이 꿈을 꾸게 되었구나, 하면 삶의 고통의 무게는 그만큼 가벼워진다. 그것이 꿈-해석의 일차적 목표이자 결과물이다. 이제 프로이트가 꿈-내용의 언어기호, 즉 상형문자에 대하여 예를 들어 가며 짚어 주는 부분으로 이 절을 마무리하자.

이 기호들을 기호관계 대신 상형象形의 가치에 따라 읽는다면 분명 길을 잘못 들게 될 것이다. 이를테면 내 앞에 그림 퀴즈가 하나 있다. 집이 한 채 있고, 지붕 위에 보트가 한 척 보인다. 그리고 알파벳 한 글자와 머리 없는 인물의 달려가는 모습 등이 그려져 있다. 나는 전체적인 구성과 부분들이 말도 안 된다고 비난을 제기할 수 있을 것이다. 보트는 지붕 위에 걸맞지 않고, 머리 없는 사람은 달려갈 수 없는 법이다. 게다가 사람이 집보다 더 크다. 전체가 어떤 풍경을 묘사한다면, 알파벳이 어울리지 않는다. 알파벳은 야외에서 보기 어려운 것이다. 전체와 세세한 부분들에 대하여 그런 식으로 이의를 제기하지 않고, 각 형상을 음절이나 낱말에 의해 보충하고자 노력하면 비로소 그림 퀴즈를 올바로 판단할 수 있는 것이다. 그렇게 합성된 낱말들은 무의미한 것이 아니라 아주 아름답고 함축적인 시구가 될 수 있다. 꿈이 바로 그런 그림 수수께끼이다. 우리 이전에 꿈을 해석한 사람들은 그림 퀴즈를 회화적 구성으로 판단하는 오류를 범했다. 그래서 그들에게는 꿈이 불합리하고 무가치한 것으로 보였던 것이다.

— 『꿈의 해석』 335-336쪽.

2. 최초의 꿈 분석 사례, 〈이르마의 꿈〉 분석

프로이트는 1895년 7월 23일~24일 벨뷔Bellevue에서 〈이르마의 꿈〉을 꾸고 인류사 최초로 꿈의 해석에 성공한다. 이르마는 당시 프로이트의 치료를 받던 여성 환자이고, 〈이르마의 꿈〉은 프로이트가 그녀에 관하여 꾼 꿈을 일컫는다. 이 꿈의 해석으로 프로이트는 꿈의 원리에 대한 깨달음에 이른 후 『꿈의 해석』을 저술하기 시작한다. 원고를 완성할 즈음 그 꿈을 꾼 벨뷔를 다시 방문해 그곳에서 플리스Wilhelm Fliess에게 편지(1900년 6월 12일자)를 보내며 이렇게 이야기한다.

자네는 언젠가 그 집에 다음과 같은 문구가 새겨진 대리석 탁자가 놓이는 것을 상상할 수 있겠는가?

> 1895년 7월 24일 이 집에서 지크문트 프로이트에게
> 꿈의 비밀이 드러나다.

지금 이 순간에는 그럴 가능성이 거의 보이지 않네.

— 『꿈의 해석』 162쪽.

자신이 꿈의 해석에 성공했음에 대한 참을 수 없는 기쁨과 자부심, 그리고 수줍음과 겸손함이 뒤섞여 느껴지는 대목이다. 꿈의 원리의 발견은 인간 심리에 대한 대각大覺이자, 그로써 정신분석 이론의 틀을 완성하게 되는 어마어마한 사건의 예고편이다. 그가 최초로 상세히 분석한 〈이르마의 꿈〉에서 꿈의 비밀은 드러났으며, 그가 열렬히 원하며 예견한 기념비는 바로 그 꿈을 꾼 곳 벨뷔의 언덕에 세워졌다.

프로이트는 『꿈의 해석』 2장에서 자신이 제시한 대로 꿈-내용을 기록하고(『꿈의 해석』 146-147쪽), 그 꿈-내용을 구성 요소로 나눈 후 각각의 구성 요소에 따라 자유연상을 한 결과물인

벨뷔 언덕에 세워진
프로이트의 기념비
[출처: https://de.wikipedia.org/
wiki/Sigmund_Freud#/media/
Datei:Stele_-_Sigmund_ Freud,_
Das_Geheimnis_des_Traumes_
(Wien_1900)_002.jpg]

꿈-사고를 낱낱이 기록한다(『꿈의 해석』 147-162쪽). 그것을 읽다
보면 그 꿈-사고를 기록해 나가는 과정이 분석 과정임을 알게
된다. 꿈-해석은, 내용은 같은데 표현 방식이 다른 두 텍스트,
꿈-내용을 꿈-사고로 번역하는 것임을 우리는 앞서 확인했다.
프로이트에게 드러난 꿈의 비밀은 무엇이었을까? 프로이트는
〈이르마의 꿈〉을 분석한 글의 말미에 이렇게 말한다.

"지금 나는 새로이 얻은 인식으로 만족한다. 내가 여기에서 제시
한 꿈-해석 방법을 따르는 사람은, 꿈이 실제로 의미를 가지고

있으며 연구가들이 원하는 것처럼 결코 단편적인 두뇌 활동의 표현이 아니라는 것을 알 수 있다. 〈꿈을 해석해 보면 꿈이 소원성취임을 인식할 수 있다〉"

— 『꿈의 해석』 162쪽.

꿈은 소원성취다! 우리가 꾸는 꿈들을 생각하면 선뜻 이해가 가지 않는 원리이다. 그러나 '꿈은 소원성취'라는 말은 700여 쪽이나 되는 『꿈의 해석』 전체를 집약했다고 할 만큼 가장 중요한 핵심 명제이다. 꿈이 소원성취라는 것은, 꿈-사고가 꿈-내용으로 번역되는 과정, 즉 꿈-작업 과정이 소원의 실현 과정이라는 의미이다. 꿈을 꾸면서 우리는 소원을 실현한다. 그러면 소원은 무엇이며, 그것이 어떻게 우리 심리 안에 자리 잡게 되는 것일까? 그 소원은 왜 꿈에서만 성취되어야 하는 걸까? 도대체 무엇 때문에 꿈은 의미하는 것을 직접 말하지 않아, 꿈-해석을 따로 해야 하는 걸까? 소원과 무의식은 어떤 관계일까? 등의 질문들이 마구 솟아난다. 그 의문들과 답은 일단 이 책의 2장과 3장으로 미루자. 우선 〈이르마의 꿈〉의 해석에서 어떻게 '꿈은 소원성취'임이 드러났는지 그 궁금증을 풀기로 하자.

1) 꿈은 소원성취다

다음은 『꿈의 해석』 2장에 실려 있는 〈이르마의 꿈〉 전문이다. 이어 프로이트는 그것을 구성 요소로 나누어 각 구성 요소마다 자유연상을 하면서 꿈-사고를 적고 있다. 어떤 문장이나 단어를 구성 요소로 시작해서 자유연상을 하고 있지만 그것이 꿈-내용의 순서대로 이루어지지는 않는다. 19세기 말, 빈Wein의 의사 프로이트의 꿈은 21세기의 한국인인 우리에게 얼른 그 장면이 떠오르지 않는다. 그러나 최초의 합리적 꿈-해석이니만큼 주의 깊게 읽어 보자.

1895년 7월 23일~24일의 꿈

넓은 홀 ―우리는 많은 손님을 접대하고 있다.― 손님 가운데 이르마가 눈에 띈다. 나는 즉시 그녀를 한쪽 구석으로 데려가 그녀의 편지에 답변하고 《해결책》을 아직 받아들이지 않은 것을 비난한다. 나는 그녀에게 말한다. 《당신이 아직도 통증을 느낀다면 순전히 당신의 잘못입니다.》 그녀가 대답한다. 《내가 지금 목하고 위, 배가 얼마나 아픈지 알기나 해요? 꼭 짓누르는 것만 같아요.》 나는 깜짝 놀라 그녀를 바라본다. 그녀의 얼굴은 창백하고

통통 부어 있다. 신체기관에 병이 있는데 내가 모르고 지나친 것이 아닐까 하는 생각이 머리를 스친다. 나는 그녀를 창가로 데려가 목 안을 들여다본다. 그러자 그녀는 틀니를 끼운 여자들처럼 거부하는 몸짓을 한다. 나는 그녀가 그럴 필요는 전혀 없다고 생각한다. 마침내 그녀가 입을 벌린다. 나는 우측에서 커다란 반점을 하나 발견한다. 다른 쪽에서는 코의 하갑개골을 본뜬 것 같은 기이한 주름진 형상에 회백색의 커다란 딱지가 앉아 있는 것이 보인다. 나는 급히 의사 M을 부른다. 그는 다시 진찰하고 틀림없다고 확인한다 … M의 모습은 평소와 아주 다르다. 얼굴은 몹시 창백하고 다리는 절며 턱수염도 없다 … 그녀 옆에는 어느 틈에 친구 오토도 와 있다. 다른 친구 레오폴트가 그녀의 몸 여기저기를 타진한 후 좌측 하부에서 탁음이 들린다고 말한다. 그러고는 좌측 어깨의 침윤된 피부 부위를 가리킨다. (옷을 입고 있는데도 나 역시 그처럼 그것을 감지한다) … M은 말한다. 《감염된 것이 틀림없어. 그렇지만 별일은 아니야. 이질 증상이 나타나면서 병독이 배출될 걸세….》 우리는 즉시 어디서 감염되었는지 알아낸다. 친구 오토가 얼마 전 그녀의 몸이 좋지 않았을 때 프로필 약제, 프로필렌 … 프로피온산 … 트리메틸아민(이 화학방정식은 특별히 굵은 활자로 쓰여 있다)을 주사한 것이다…. 그런 주사는 그렇게 경솔하게 놓는 법이 아니다…. 필경 주사기 역시 청결하지 않았을 것이다.

— 『꿈의 해석』 146-147쪽.

〈꿈은 소원성취〉라고 하지만, 정작 꿈-내용은 주로 시각적인 표상들의 집합과 몇 개의 대화로 이루어졌을 뿐, 여기서는 어떤 소원도, 소원성취도 찾을 수 없다. 꿈이 무엇을 의미하는지 짐작하기조차 어렵다. 그것을 찾기 위해서는? 꿈-내용을 구성 요소별로 분해하고 각각의 구성 요소에 따라 아무 비판 없이 자유연상을 해서 꿈-사고를 찾아야 한다. 프로이트는 스스로 제시한 이 방법으로 꿈-사고를 낱낱이 적고 있다. 꿈-내용이 1쪽인 데 비해 꿈-사고는 13쪽이나 된다. 앞서 본 바와 같이 꿈-사고는 각성된 상태에서 적은, 우리가 쓰는 말로 되어 있어 이해하기 쉽다. 〈이르마의 꿈〉의 방대한 꿈-사고를 소원을 중심으로 따라가 보자. 지금부터 우리가 따라가는 것은 꿈-내용이 아니라 꿈-사고임을 잊지 말자.

꿈의 재료에는 반드시 〈낮의 잔재〉가 들어가 있다. 이것은 꿈꾸기 전날의 사소한 사건으로 그와 관련된 여러 소원들을 일깨우면서 꿈-재료로 엮여 들어간다. 여기에는 아주 중요한 조건이 있다. 이 낮의 잔재는 무의식적인 소원의 선택을 받아 반드시 그 지원을 얻어야 한다. 꿈의 원동력은 바로 무의식적인 소원이므로 이것이 참여하지 않고는 절대 꿈-작업은 이루어지지 못한다. 따라서 소원에는 무의식적 소원과, 낮의 잔재에 의해 일깨워진 여러 개의 소원들, 즉 전의식적 소원들, 두 종류가 있는 셈이다. 〈이르마의 꿈〉에서 낮의 잔재는 〈오토가 가져온 소식과 M에게 건네기 위한 이르마 병력의 기록〉이다. 프로이트는 이것을 〈배경 설명〉(『꿈의 해석』 145쪽)으로 대신하고 있다.

1895년 여름 프로이트는 친분 있는 젊은 부인 이르마를 치료한다. 프로이트는 이르마에게 해결책을 제시하지만 그녀가 이를 받아들이지 않아 치료는 부분적으로만 성공하고 중단된 상태였다. 환자의 가족들이 자신의 치료를 달가워하지 않는다고 짐작했던 차에, 동료 오토가 이르마를 방문한 후 그를 찾아왔다. 프로이트가 이르마의 병세를 묻자, 오토는 '전보다 약간 나아졌지만, 썩 좋지는 않다'라고 말했다. 이때 프로이트는 오토의 말과 어조가 무척 불쾌했으며, 비난이 말 속에 섞여 있다는 생각을 했지만 이러한 느낌과 생각은 곧 의식에서 밀려난다.

프로이트는 오토와 함께 당시 지도적 인물인 의사 M에게 변명 삼아 건네줄 이르마의 병력을 기록해야 했기 때문이다.

이 낮의 잔재 —배경 설명— 가 일깨운 소원들을 이해하기 위해 몇 가지 첨언한다. 〈이르마의 꿈〉을 꾼 것은 1895년 4월『히스테리 연구』가 출간된 그해 7월이었다. 프로이트의 히스테리 이론에 대한 학계의 반응은 냉담하기 짝이 없었다. 그의 동료 오토와 의사 M도 프로이트의 히스테리 이론과 치료에 대하여 인정하지 않았으며 따라서 그들은 히스테리에 무지했다. 그러나 코와 목 전문의였던 빌헬름 플리스는 프로이트의 생각을 잘 이해하고 쉽게 받아들였다. 프로이트는 그에게 다수의 편지와 논문들을 보냈다. 앞서 본 꿈-내용에서 오토는 등장하지만 그와 대척점에 서있는 빌헬름 플리스는 꿈-사고에서 등장한다. 오토에 대한 연상이 그와 대립적인 플리스로 미끄러져 가는 것은, 우리의 사고가 서로 대립되는 것들끼리 쌍으로 묶여 있기 때문이다.

그러면 그 낮의 잔재가 일깨우는 소원들은 무엇이었을까? 그리고 꿈은 그 소원을 어떻게 실현하는 걸까?

【소원 ①】 이르마의 병이 낫지 않는 것은 내 책임이 아니다. 이르마 자신과 오토 탓이다.

낮의 잔재는, 전날 저녁에 프로이트를 찾아온 동료 오토가 〈이르마의 병세가 전보다 나아졌지만 썩 좋지는 않다〉라는 소식을 전했으며, 오토와 함께 당시 지도적 인물인 의사 M에게 건네주려고 이르마의 병력을 기록한 사건이다. 그 소식을 전할 때 프로이트는 오토의 말과 어조에 자신에 대한 비난이 섞여 있는 듯해서 불쾌하게 여겼다. 사실 프로이트는 이르마의 병이 심리적 원인으로 인한 히스테리라고 생각했지만 오토도, 의사 M도 그 견해에 동의하지 않았던 것이다. '이르마는 나의 해결책을 받아들이지도 않았는데 그녀의 좋지 않은 병세가 왜 내 탓이란 말인가?' 라고 항변하고 싶었지만, 오토와 함께 기록을 하느라 그것을 의식에서 밀어내고 미진한 채로 잠자리에 들게 된 것이다. 그것은 내 책임이 아니야, 라고 말하지 못하고 미진한 채로 남겨 둔 것, 그것이 꿈을 꾸게 만든 것이다. 그 미진함을 남긴 낮의 잔재가 여러 소원들을 일깨우며 무의식적 소원을 끌어들이고 꿈-내용으로 입성한다. 꿈-사고 중 다음과 같은 내용들을 보면 그의 소원이 드러난다.

"이르마의 통증은 내 책임이 아니다. 내 해결책을 거부하였으므로 그녀 자신의 잘못이다."

"이르마가 겪는 통증의 원인이 혹 신체기관에 있다면, 심리를 치료하는 내게는 그것을 치료할 의무가 없는 것이다."

"이르마는 미망인이므로 성적 신진대사가 잘 이뤄지지 않고 있어 통증이 있는 것이다. 그걸 내가 어쩌란 말인가?"

"오토가 적합하지 않은 약제를 이르마에게 주사했기 때문에 통증이 생긴 것이다."

"오토는 경솔하게 주사를 놓는 데다가 주사기 역시 청결하지 않았을 것이다."

여기서 드러난 소원은 한마디로 〈이르마의 병의 책임은 내게 있지 않다〉는 것이다. 이르마의 병의 책임을 이르마 자신과 오토에게 떠넘기고 있다. 어떻게 떠넘길까? 꿈은 결코 설명하지 않는다. "어떤 사태를 내가 원하는 대로 묘사"한다. 사고가 아니라 현재형의 시각적 장면으로 말이다. 즉 환자 이르마는 프로이트의 해결책을 거부하고, 오토는 적합하지도 않은 약제를 청결하지 않은 주사기로 놓고 있는 사태가 장면으로 묘사된다.

이 묘사를 통해 〈그러므로 이르마의 병은 내 책임이 아니다〉라는 소원을 실현하고 있는 것이다. 〈내 해결책을 거부한 이르마의 책임이며 오토가 적합하지도 않은 약제를 청결하지 않은 주사기로 투여했기 때문〉이라는 것이다. 그러나 그와 동시에 꿈-사고에는 의사로서 책임을 다하지 못한다는 죄책감이 곳곳에 포진되어 있다. "내가 의사로서 성실하지 못하다고 자책할 수 있는 기회란 기회는 모두 찾아내고 있는 듯이 보인다"라고 할 정도이다. 소원성취와, 그에 반대되는 죄책감이 쌍을 이루며 또 하나의 꿈-사고 줄기를 이루고 있음을 엿볼 수 있다.

【소원 ②】오토와 의사 M, 그리고 형님에 대한 복수, 그들은 어리석고 무능하다.

또 동료 오토와 의사 M에 대한 복수의 소원도 성취된다. 이르마의 병세를 전하면서 자신을 비난하는 듯이 느꼈던 오토를, 꿈에서 소독도 제대로 하지 않은 주사기로 적절하지 않은 약제를 주사하는 경솔한 의사로 몰아붙인 것은 일종의 복수다. 게다가 그는 프로이트에게 퓨젤유fusel oil 냄새가 나는 술을 선물해서 불쾌감을 준 인물이다. 또 당시 지도적 인물이었던 M을 서

습치 않고 조롱한다. 이르마의 입 속에서 기이한 주름진 형상의 희끄무레한 딱지를 발견한 뒤 급하게 M을 불러오고는, M으로 하여금 "이질 증상이 나타나면서 병독이 배출된다"는 황당한 소리를 하게 함으로써, 또는 그 기이한 증상을 "별일 아니야"라고 말하게 함으로써 그를 한껏 조롱한다. 이르마의 통증이 히스테리에서 비롯된 것을 잘 모르는 무능한 의사로 꼬집고 싶었던 소원을 실현한다.

복수하고 싶은 소원성취는 여기서 그치지 않는다. 의사 M을 조롱하면서 〈나의 기분을 상하게 한 형님〉을 싸잡아 비난한다. 그 꿈-내용과 꿈-사고를 보자.

〈의사 M의 얼굴은 창백하고 턱수염이 없으며 다리를 절뚝거린다〉 그의 좋지 않은 안색은 친구들을 자주 걱정하게 만드는 것만큼은 사실이다. 나머지 두 특성은 다른 사람에게서 유래한 것이 틀림없다. 외국에 살고 있는 내 형님이 생각난다. 그 형은 턱수염을 깨끗하게 밀었으며, 내 기억이 맞다면 꿈속의 M과 아주 비슷하다. 그리고 그가 좌골 부위의 관절염 때문에 다리를 전다는 소식을 며칠 전 들었다. 내가 꿈속에서 두 인물을 한 사람으로 결합시킨 것에는 이유가 있었다. 사실 유사한 이유에서 내가 두 사람에게 기분이 상해 있었다는 기억이 떠오른다. 내가 최근 두 사람에게 어떤 제안을 했는데, 둘 다 거절했던 것이다.

— 『꿈의 해석』 152쪽.

의사 M은 그의 본래 모습과는 달리 형님의 특징인 '턱수염을 깨끗하게 밀고 관절염으로 다리를 절뚝거리는 모습'으로 등장한다. 이것이 바로 다른 무대에서 이루어지는 꿈-작업 중 압축으로 이루어진 합성인물이다. 〈나를 기분 나쁘게 한〉 두 인물의 공통점이 압축의 조건을 충족시킨 것이다. 형님의 〈깨끗한 턱수염과 절뚝거리는 다리〉를 M에 중첩시켜 넣어 의사 M과 더불어 형님도 복수의 대상으로 삼는다.

【소원 ③】 이르마, 아내, 그리고 오토를 묶어 비난하다.

또 이르마의 모습에 〈창백한 혈색, 퉁퉁 부은 얼굴〉의 인물을 중첩시켜 이르마와 함께 그 인물의 어리석음을 비난하고픈 소원을 성취한다. 그 인물은 수줍어해서 이르마처럼 다루기 어려운 환자이다. 프로이트는 각주에서 이 인물이 자신의 아내임을 밝히며, 꿈속에서 이르마와 자신의 아내를 사랑스럽게 다루지 않았다고 고백한다. 이렇듯 꿈-작업 압축이 곧 소원의 성취 작업이다. 꿈은 소원성취를 위해 이렇게 여러 인물을 합성하여 그들을 묘사하기도 하지만, 또 다른 기발한 방식으로 여러 인물을 묶어 목적을 달성한다(⟨ ⟩이 꿈-내용이고, 나머지가 이에 대한 꿈-사고이다).

⟨프로필 약제 … 프로필렌 … 프로피온산⟩ 나는 어떻게 이런 것들을 생각하게 되었을까? 병력을 기록하고 꿈을 꾼 그날 저녁, 내 아내는 ⟨아나나스Ananas(파인애플)⟩라고 씌어 있는 리큐르 병을 땄다. 술병은 친구 오토의 선물이었다. 그는 기회 있을 때마다 선물하는 습관이 있었다. 그가 언젠가는 여자 덕에 그 버릇을 고치게 되기를 바란다. 나는 리큐르에서 퓨젤유 냄새가 심하게 나 맛보기를 거절했다. 아내는 하인들에게 술병을 선물하겠다고 말했지만, 신중하게 나는 하인들 역시 중독되면 안 된다는 박애주의자 같은 말로 그것을 금지했다. 　　　　　　— 『꿈의 해석』 156-157쪽.

여기서는 아주 재미있는 꿈-작업을 찾을 수 있다. 오토와 연결되는 〈아나나스〉라는 발음은 바로 같은 발음으로 된 이르마의 성姓으로 이동한다. 꿈의 언어는 발음의 유사성을 따라 이동하는 특성이 있음을 짐작할 수 있다. 꿈은 'Ananas'에 오토와 이르마, 그리고 오토의 선물을 흔쾌히 받은 자신의 아내, 세 인물을 압축시켜 그들에 대한 비난을 성취한다.

【소원 ④】 어리석은 이르마를 현명한 그녀의 친구로 교체한다.

꿈은 책임 전가나 복수複數 소원의 성취에 그치지 않는다. 더 나아가 마음에 들지 않는 인물들을 교체해 버리기까지 한다.

창가에 서 있는 이르마의 자세에서 불현듯 다른 체험이 떠오른다. 이르마에게는 내가 아주 높이 평가하는 절친한 여자 친구가 있다. 어느 날 저녁 그 친구 집을 방문했을 때, 그녀는 꿈속의 장면에서처럼 창가에 서 있었다. 그녀의 주치의인 의사 M은 그녀의 입 안에 디프테리아성 설태가 끼었다고 설명했다. 그렇게 해서 의사 M이란 인물과 설태가 꿈에 등장한 것이다. 친구 역시 이르마와 마찬가지로 히스테리 징후를 추정할 만한 많은 이유가 있다고 해서 최근 몇 달 동안 생각했던 기억이 문득 떠오른다. 그렇다면 나는 그녀의 상태에 대해 무엇을 알고 있는가? 꿈속의 이르마처럼 히스테리에 의해 목이 조이는 것 같은 고통을 겪고 있다는 한 가지 사실뿐이다. 따라서 나는 꿈에서 내 환자를 친구와 교체한 것이다. 친구가 히스테리 증상에서 벗어나게 해 달라고 내게 요구하는 상상을 여러 번 했다는 생각이 떠오른다.

— 『꿈의 해석』 149-150쪽.

프로이트는 이르마처럼 어리석은 환자 대신 현명한 그녀의 친구가 자신의 환자가 되었으면 하는 소원을 품는다. 이 소원을 이르마의 '서 있는 자세'에 그녀 친구의 '서 있는 자세'를 중첩시켜 성취시킨다. 소원의 성취에서 의사 M에 형님의 절룩이는 다리를 중첩시킨 것과 같은 방식이다. 두 인물을 압축한 조건이 되는 공통점은 '서 있는 자세'와 〈히스테리에 의해 목이 조이는 것 같은 고통을 겪고 있다는 사실〉이다. 또 이 이르마 친구의 입속의 설태는 이르마 입속의 〈코선반 모양의 기이한 형상으로 앉은 커다란 회백색 딱지〉로 이동해서 나타난다.

【소원 ⑤】 히스테리에 몰이해한 오토와 의사 M을 내 견해에

동의하는 플리스로 대체한다.

교체당하는 또 다른 인물들이 있다. 복수 대상이자 히스테리에 몰이해한 오토와 의사 M을, 성적인 것이 히스테리의 원인이라는 데 동의하고 자신에게 지지를 보내는 빌헬름 플리스로 대체한다. 〈내 견해가 세상에서 외면당했다고 느끼더라도 그 한 사람, 빌헬름 플리스만 동의하면 만족할 수 있다〉라고까지 말하며 플리스와 오토를 서로 대척 지점에 위치시킨다.

그러면 오토와 의사 M의 대척 지점에 있는 빌헬름 플리스는 꿈-사고에 어떻게 등장하며, 또 어떻게 그들을 교체하는 걸까? 여기서는 오토와 관련된 자유연상이 반응의 유사성을 타고 플리스에게로 미끄러지면서, 오토가 플리스로 교체되는 양상을 보여 준다.

퓨젤유 냄새(아밀…)가 프로필, 메틸 등등의 일련의 내 기억을 일깨웠고, 이 기억이 꿈에 프로필 약제를 제공한 것이 분명했다. 그러나 동시에 나는 아밀 냄새를 맡고 프로필 꿈을 꾸는 치환을 시도하고 있다. 그런 종류의 치환은 유기화학에서나 허용될 수 있을 것이다.

〈트리메틸아민〉. 꿈속에서 나는 이 물질의 화학방정식을 본다. 어쨌든 이것은 내 기억이 애써서 노력했다는 증명이다. 게다가 이 방정식은 문맥상 특히 중요하다고 강조하려는 듯 굵은 활자로 쓰여 있다. 그런 식으로 주의를 끈 트리메틸아민은 내게 무엇을 말하려는 것일까? 한 친구와 나눈 대화가 뇌리에 떠오른다. 그 친구와는 몇 년 전부터 서로 계획 중인 연구에 대해 잘 알고 있는 사이이다. 당시 그는 내게 성화학에 대한 생각을 털어놓았으며, 무엇보다도 성적 신진대사의 산물 가운데 하나가 트리메틸아민 이라고 논했다. (중략) 나는 트리메틸아민의 화학방정식이 꿈속 에서 강조된 이유를 짐작한다. 이 하나의 낱말 속에 많은 중요한 것들이 집약되어 있다. 트리메틸아민은 강력한 성적 요인뿐 아니라 한 인물을 암시한다. 나는 내 견해가 세상에서 외면당했다 고 느끼더라도 그 한 사람만 동의하면 만족할 수 있다.

— 『꿈의 해석』 157-158쪽.

오토가 선물로 준 술에서 나는 퓨젤유 냄새는 〈아밀〉 냄새 로 이동하며(퓨젤유의 주성분은 아밀이다) 그것은 〈프로필〉, 〈메틸〉 로 흘러가 이것이 꿈-내용에서 오토가 이르마에게 주사한 〈프로필〉 약제로 치환된다. 여기서의 흐름을 보자. 꿈-사고의 〈퓨젤 → 아밀 → 메틸〉이 꿈-내용에서 〈프로필〉로 대체되고 이어 꿈-내용에서 〈프로필렌〉과 〈프로피온산〉을 거쳐 굵은 활자로 된 〈트리메틸아민〉으로 대체된다. 각 낱말들은 그 내용이나 의미가 아니라 '발음의 유사성'을 타고 대체되고 있음을 알 수 있다. 그러나 〈프로필〉, 〈프로필렌〉, 〈프로피온산〉에서 〈트리메틸아민〉으로 이동하는 것은 얼핏 잘 이해되지 않는다. 프로이트는 이 부분을 꿈-작업에서 다시 언급하고 있다. 〈프로필렌〉에서 뮌헨의 〈프로필레엔〉으로 이동하면서 병중이었던 뮌헨의 친구 빌헬름 플리스를 방문했던 기억을 떠올리고, 그 친구가 발견한 성적 신진대사 물질인 〈트리메틸아민〉으로 대체되었음을 밝히고 있다. 〈퓨젤유〉가 여러 기호형식(시니피앙)을 거쳐 〈트리메틸아민〉으로 대체되는 꿈-작업은 오토를 빌헬름 플리스로 교체하는 소원을 실현하고 있다.

꿈에서 인물들의 교체가 이루어진 결과를 보면 두 그룹으로 나누어져 있다. 마음에 들지 않거나 복수하고 싶은 대상들로 이루어진 그룹, 프로이트가 높이 평가하거나 그를 지지하는 사람들로 이루어진 그룹이 그것이다. 이와 같이 우리의 사고는 서로 반대되는 것들이 앞뒷면을 이루며 서로 연결되어 있음을 알 수 있다. 앞에서 잠깐 언급한 소원성취와 죄책감의 대칭적 연결도 이와 같다.

오토 표상군	빌헬름 플리스 표상군
아밀렌, 프로필, 메틸(꿈-사고) 프로필렌(꿈-내용)	트리메틸아민(꿈-내용)
내 마음에 들지 않음, 내 해결책을 받아들이지 않음, 히스테리에 몰이해, 나를 비난	내가 높이 평가함, 나를 이해하고 인정, 히스테리 연구 인정
오토, 이르마, 아내, 의사 M, 형(복수)	이르마의 친구(여, 단수), 빌헬름 플리스(남, 단수)

오토 표상군의 인물들은 복수複數임에 비해 빌헬름 플리스군은 단수單數임이 눈이 띈다. 필시 그만한 이유가 있겠지만 프로이트는 더 나아가지 않고 여기서 멈춘다.

프로이트는 〈이르마의 꿈〉 해석을 마치고 다음과 같이 말하고 있다.

이것으로 나는 꿈-해석을 끝마쳤다. 이 작업을 하는 동안 나는 꿈-내용과 그 배후에 숨어 있는 꿈-사고를 비교할 때마다 떠오르는 생각들을 전부 억누르기 위해 노력했다. 그러는 동안 꿈의 〈의미〉를 깨닫게 되었다. 나는 꿈을 꾸게 된 동기와 꿈을 통해 실현된 의도 역시 알아낼 수 있었다. 꿈은 전날 저녁 일어난 일들(오토가 가져온 소식과 M에게 건네기 위한 이르마 병력의 기록)이 내 안에서 일깨운 몇 가지 소원을 성취시킨다. 꿈의 결론은 아직 치유되지 않은 이르마의 병에 대한 책임은 내가 아니라 오토에게 있다는 것이다. 오토는 완치되지 않은 이르마에 관한 말로 나를 화나게 했고, 꿈은 비난을 그에게 되돌려줌으로써 그에게 복수하는 것이다. 꿈은 이르마의 용태에 대한 이유를(일련의 근거 제시) 다른 곳에서 찾으면서 나를 책임에서 벗어나게 한다. 꿈은 어떤 사태를 내가 원하는 대로 묘사한다. 〈따라서 그 내용은 소원성취이고 동기는 소원이다〉   — 『꿈의 해석』 159쪽.

이렇게 말해 놓고도 프로이트는 자신이 꾼 〈이르마의 꿈〉에는 소원성취와는 다른 것이 있다고 한다. 곳곳에 포진해 있는 의사로서의 죄책감과 자신을 포함한 주변 사람들의 건강 염려가 그것이다. 그리고 군데군데 자신이 더 이상 들여다보기를 거부하는 듯한 것들도 언급하고 있다. 그럼에도 프로이트는 〈꿈은 소원성취다〉라고 이 장을 마무리한다. 소원성취와 다른 이것들은 소원성취와는 어떤 관계에 있는 것일까?

2) 소원성취와는 다른 것
─ 의사로서 성실하지 못하다는 죄책감

그는 "이르마의 질병에 대한 이러한 설명들이 나 자신의 책임을 모면하는 데 초점을 맞추고 있을 뿐, 서로 부합하지 않는다는 것을 잘 알고 있다. 심지어 그것들은 서로 배제하기까지 한다. 전체적으로 이 변명은 ─꿈은 변명에 지나지 않는다─ 이웃에게 빌린 솥을 망가뜨려 고발당한 남자의 변명을 생생하게 상기시킨다. 첫째, 그는 솥을 원래 그대로 돌려주었으며, 둘째, 솥은 빌렸을 때 이미 구멍이 나 있었고, 셋째, 이웃에게 솥을 빌린 적조차 없었다는 것이다. 그러나 상황은 그만큼 더 유리해 이 세 가지 변명 중 하나만이라도 확실하다고 증명되면, 그 남자는 무죄를 인정받을 수 있다"면서 〈이르마의 병은 내 책임이 아니다〉라는 소원성취가 무죄를 인정받기 위한 변명에 불과하다고 말한다. 그런 사고는 자신이 의사로서 성실하지 못했다는 죄책감으로 이어진다.

꿈-내용 중 〈의사 M을 급히 부르고 …〉라는 부분의 연상에서 프로이트는 〈급히〉를 통해 특별한 기억을 떠올린다. 당시 무해한 것으로 여겨졌던 약제(설포날)를 계속 처방해서 그 환자가 심한 중독 현상을 일으켜 〈급히〉 도움을 청했던 기억이다. 그 환자는 결국 중독 때문에 세상을 떠났는데, 그간 생각지 못했다가 〈이르마의 꿈〉 분석 중에 그 환자가 자신의 장녀와 이름이 '마틸데'로 같다는 것과, 장녀 역시 2년 전에 중병을 앓았던 사실을 떠올린다. 〈그것은 마치 운명의 보복인 양 생각된다. 인물들의 상호 교체가 다른 의미에서 계속되는 것처럼 보인다. 이 마틸데 대신 저 마틸데, 눈에는 눈 이에는 이라는 식이다. 내가 의사로서 성실하지 못했다고 자책할 수 있는 기회란 기회는 모두 찾아내고 있는 듯 보인다〉라고 한다. 소원성취 바로 뒤에 죄책감과 두려움이 배음처럼 깔려 있다.

이런 식의 죄책감은 꿈-사고의 도처에서 발견된다. 꿈-내용의 〈코선반의 딱지〉는 코 점막 부기 억제를 위해 자신 역시 코카인을 사용한다는 연상으로, 자신을 따라 코카인을 사용한 여성 환자가 코점막이 마비되어 심한 비난을 받은 것에서부터, 이어 코카인 약제 남용으로 죽기까지 한 친구에 이른다. 게다가 코카인을 마취제로 사용하게 된 것은 알려진 것과 달리 프로이트 자신의 연구 성과였다(1884). 또 있다. 의사 M의 입을 빌어 이르마의 병을 이질이라고 하면서, 기관 감염을 심리 치료로 낫게 할 수는 없다는 주장으로 자신에게 책임이 없다는 소원을 성취한다. '오로지 책임을 모면하기 위해 이르마에게 그렇게 심한 중병을 덮어씌우다니 당혹스러운 일이다. 너무 잔인해 보인다'라고 말한다. 이어 이질Dysenterie은 발음의 유사성을 타고 디프테리아Diphtherie로 이동한다. 자신의 권유로 이집트 여행을 하는 히스테리성 변비 환자가 디프테리아Dy(i)phtherie에 걸렸다는 소식에 이른다. 현지 의사의 오진이라고 추측하지만 자신이 히스테리성 장염에 기관 장염까지 걸리게 했다는 비난을 면할 수 없다고 자책한다. 프로이트는 이러한 꿈-사고와 관련하여 이렇게 말하고 있다.

그것들이 이르마 병에 대한 내 책임 회피와 어떤 관계인지 분명치는 않다. 즉 내 딸의 병, 딸과 이름이 같은 환자의 병, 코카인의 독성, 이집트 여행 중인 환자의 감염, 아내와 형과 의사 M의 건강에 대한 염려, 나의 신체 질병, 축농증에 걸린 멀리 있는 친구(빌헬름 플리스)의 안부 등이다. 그러나 이 모든 것에 주목하면 자신과 다른 사람들의 건강에 대한 염려와 의사로서의 성실성이라는 표제의 한 사고 범위로 모아진다.　　　　　　━『꿈의 해석』 161쪽.

3) 말할 수 없는 소원, 말로 할 수 없는 소원

'자신의 꿈을 해석하는 경우 고려해야 하는 여러 가지 이유 때문'이라면서 해석을 미루고 모호하게 남겨 둔 부분들이 눈에 띈다. 이 부분은 들여다보기를 거부하는 것 같은 인상을 준다. 꿈-내용에서 〈옷을 입고 있는데도〉라는 부분의 연상에서 프로이트의 태도는 좀 다르다. 거의 짜증에 가까운 태도로 연상을 중단한다.

〈옷을 입고 있는데도〉 물론 이 말은 그저 삽입구에 지나지 않는다. 소아과 병동에서는 당연히 어린이들의 옷을 벗기고 진찰한다. 그것은 성인 여성 환자들을 진찰할 때와는 어떤 면에서는 반대된다. 언제나 환자들의 옷을 벗기지 않고 진찰하는 경우 명의라고들 이야기한다. 그 이상의 것은 나도 알 수 없다. 솔직히 말해 더 이상 이 문제에 깊이 들어가고 싶지 않다.　　—『꿈의 해석』 154쪽.

꿈-내용의 〈마침내 입을 크게 벌린다. 그녀는 이르마보다 더 많은 것을 이야기 할 것이다〉에서 프로이트는 연상을 하지 않고 각주를 붙인다. 여기에서 세 여인은 이르마, 이르마의 친구, 그리고 그의 아내이다.

나는 이 부분의 숨어 있는 의미를 모두 추적할 수 있을 만큼 충분히 해석하지 않았다는 느낌이 든다. 세 여인의 비교를 계속하면, 원래의 논지에서 너무 많이 벗어날 것이다. 모든 꿈에는 규명될 수 없는 부분이 최소한 한 군데는 있다. 이것은 마치 미지의 것과 연결되는 배꼽 같은 것이다.　　—『꿈의 해석』 151쪽.

또 7장 「꿈-과정의 심리학」 1절에서는 이렇게 말한다.

완벽하게 해석한 꿈에서도 어떤 부분은 어둠 속에 남겨 두어야 할 때가 종종 있다. 그 부분에서 꿈-사고가 뒤엉키기 시작하면서

도대체 풀리지는 않고 꿈-내용에는 기여하는 바가 없다는 것을 해석 과정에서 알 수 있기 때문이다. 그 부분은 꿈이 미지의 것과 연결되는 곳, 꿈의 탯줄과 같은 것이다. 해석 과정에서 부딪치는 꿈-사고는 일반적으로 결말이 없고, 그물처럼 얽혀 있는 우리의 사고 체계와 사방으로 맞닿아 있다. 균사체에서 버섯이 고개를 쳐드는 것처럼. 그물이 보다 조밀한 부분에서 꿈의 소원이 생겨나는 것이다.　　　　　　　　　　　　　　　　　　─『꿈의 해석』 612쪽.

프로이트는 꿈의 배꼽, 꿈의 탯줄이라고 말하면서 그 부분은 미지의 것과 연결되는 곳이라고 말한다. 그 미지의 것이란 무엇일까? 소원이 생겨나는 곳, 꿈의 원동력이 되는 에너지가 공급되는 곳[소원성취의 작업 = 꿈-작업을 하는 에너지가 솟아나오는 미지의 구멍], 그곳을 말하는 것이 아닐까? 소원, 무의식, 욕동이 결합된 그 어떤 구멍을 말하고 있는 것 같다. 프로이트는 이 부분에 대한 해석 유보의 이유를 이렇게 말한다.

이 꿈을 좀 더 다루어 더 많은 설명을 이끌어 내고 그것이 제기하는 새로운 수수께끼를 논할 수 있을 것이다. 나는 그 밖의 사고 흐름을 추적하기 위해 꿈의 어느 부분에서 시작해야 하는지도 알고 있다. 그러나 자신의 꿈을 해석하는 경우 고려해야 하는 여러 가지 이유 때문에, 이것으로 해석을 마칠 수밖에 없다. 너무 조심스러운 일이 아니냐고 성급하게 질책하려는 사람이 있다면 나보다 더 솔직할 수 있는지 직접 시도해 보아야 할 것이다. 지금 나는 새로이 얻은 인식으로 만족한다.　　　　 — 『꿈의 해석』 162쪽.

여기서 보류 이유로 개인사를 드러내기 어렵다는 점을 들고 있지만 여기에는 또 다른 이유가 숨어 있다. 그것은 〈말로 할 수 없기〉 때문이다. 무의식은 결코 잊히지 않는 격리(억압)된 표상으로 이루어진 기억으로, 그것은 위장·왜곡되어서 우리 의식에 도달하기 때문에 어떤 것인지 알 수 없을뿐더러, 우리가 쓰는 말로는 드러낼 수 없다. 그렇다면 꿈에서 성취되는 소원에는 두 가지가 있다는 것인가? 프로이트가 해석으로 이끌어 낸 성취되는 소원들, 그리고 〈말로 할 수 없는 소원〉, 이 두 가지 말이다.

〈이르마의 통증은 내 책임이 아니다〉라는 소원, 〈나를 비난한 오토와 히스테리를 이해하지 못하는 의사 M에 대한 조롱과 복수〉의 소원, 또 그 소원들과 연관되어 포도송이처럼 묶여 있는 여러 소원들은 꿈꾸기 전날 낮의 잔재에서 유래한 것이다. 이 소원들은 낮의 잔재가 만약 다른 것이었다면, 또 꿈꾸는 이가 다른 사람이었다면 전혀 다른 소원이 되었을 우연한 소원들이다. 그 낮의 잔재가 무의식적 소원의 지원을 받았기 때문에 일깨워진 소원들인 것이다. 프로이트는 『꿈의 해석』 3장에서 〈꿈은 소원성취〉라는 명제가 〈이르마의 꿈〉 해석에서 어쩌다 맞아떨어져 얻어진 명제인지, 모든 꿈에 해당되는 보편적 명제인지 검증을 한다(『꿈의 해석』 163-175쪽). 많은 이들이 자신들의 꿈은 소원성취와는 거리가 멀고 심지어는 그와 반대라고 말한다. 프로이트는 그들의 꿈들을 꿈-사고로 번역해 내며 꿈 자체가 소원성취라는 것을 입증한다. 이 검증의 결과물인 소원성취도 모두 이 우연한 여러 소원들의 성취에 해당한다.

우리는 위에서 프로이트가 충분히 해석하지 않고 유보한 부분에서 〈말할 수 없는 소원〉이 있음을 보았다. 그것이 바로 〈무의식〉에서 비롯된 단수의 소원이다. 그것 없이는 꿈-형성이 불가능하다. 이 무의식적인 단수 소원은 우리 심리의 어디에 존재하며 그 정체가 무엇인가? 이 소원은 꿈에서 어떻게 성취되는 것일까? 그 단수의 소원과 우연한 복수의 소원들은 어떤 관계일까? 우리는 이 글의 마지막에 〈다시 이르마의 꿈으로〉 돌아갈 것이다. 거기서 단수 소원, 무의식적 소원의 정체를 밝힐 수 있을 거라는 희망을 가져 본다.

3. 〈이르마의 꿈〉에서 발견한 꿈의 원리 세 가지, 그 보편성에 대한 실증적 검증

19세기 말의 실증주의적 학자 프로이트는 서두르지 않는다. 물론 그는 실증주의자였지만 이미 우리의 심리를 관계와 체계(구조)로 읽으면서 구조주의 이전에 이미 구조주의자의 면모를, 그리고 소쉬르Ferdinand de Saussure의 현대 언어학 혁명과 접속되지는 못했지만 꿈은 무의식의 언어논리학이라는 점을 드러낸 언어학자의 면모를 뚜렷이 보여 준다.

우리는 이미 〈무의식〉이라는 용어를 간략하게 정의는 했지만 그것이 무엇인지 밝히지 않고 쓰고 있다. 그러나 프로이트는 『꿈의 해석』 7장에서 무의식의 근원을 밝히고 그것의 성립 과정을 제시하기 이전까지는 〈무의식〉이라는 용어를 거의 사용하지 않는다. 그는 〈소원과 무의식〉이라는 이론적 주제로 가기 전에 최초의 꿈-해석에서 추출한 이론적 명제들이 보편적인 것인지를 꼼꼼하게 실증적으로 입증한다. "꿈-분석 시 규칙적으로 수없이 반복된 경험을 통하여 그 존재를 가정하게 된 과정의 결과"를 토대로 일반화가 가능한지 타진한다.

그가 검증하려는 것은 네 가지이다. 첫째, 〈꿈은 소원성취이다〉가 과연 일반화시킬 수 있는 명제인가? 둘째, 꿈-형성에서 왜 〈전날 낮의 체험〉은 반드시 필요한가, 왜 그것은 〈사소한〉 체험인가? 이 둘은 이르마의 꿈의 해석에서 찾아낸 것이다. 셋째, 프로이트는 물론 모든 꿈 연구가들도 강조한 꿈-출처로서 유아적인 것 역시 실증적 방식으로 밝히면서 일반화한다. 넷째, 신체적 자극은 프로이트 이전의 꿈 연구가들이 가장 중요한 꿈-자극 요인으로 주장했지만 프로이트는 그것이 〈전날 낮의 체험〉에 준하는 역할을 하는 것으로 간주하고 여러 사례를 통해 그것을 증명한다.

1) 소원성취는 보편적인 꿈의 원리인가?
   ― 소원성취와 꿈-왜곡

'꿈은 소원성취다'라는 명제를 일반화시킬 수 있을까? 그는 먼저 소원성취를 노골적으로 보여 주는 꿈들을 제시한다. 이를테면 저녁 때 짠 음식을 먹었다면 한밤중에 갈증을 느끼고 꿈에서 물을 벌컥벌컥 마신다. 갈증으로 물을 마시고 싶은 소원이 실현되는 동시에 수면욕도 더불어 성취된다. 거의 모든 꿈에서 꿈은 수면욕을 충족시킨다. 꿈은 수면의 방해꾼이 아니라 파수꾼이다. 늦은 밤까지 일하는 습관이 있는 사람은 다음 날 아침 출근해야 하는 시간에 더 자고 싶어 한다. 그 시간에 그는 꿈속에서 세수를 하면서 더 자고 싶다는 소원을 실현한다. 아침잠이 달콤한 의대생은 일어나야 하는 시간에, 병실에 자신이 누워 있고 침대 머리맡에 자신의 명찰이 붙어 있는 꿈을 꾼다. 재치가 넘치는 꿈이다. 병원에 누워 있다면 출근할 필요가 없을 테니 말이다. 이른바 욕구충족의 꿈들이다. 이런 꿈들은 신체적 자극 —목마름, 배설욕, 배고픔— 에서 비롯된 소원이 성취되는 꿈으로, 신체적 욕구와 수면욕의 타협물이다. 이를테면 목마름을 충족하려면 잠에서 완전히 깨어 물을 마셔야 하지만 잠에서 깨어나고 싶지는 않다. 이때 꿈을 꾸면서 두 가지를 동시에 충족한다. 꿈에서 물을 마심으로써 환각적으로 갈증해소의 소원을 성취하는 동시에 렘REM수면상태의 얕은 잠이지만 수면욕도 충족한다. 꿈에서는 두 욕구 ―신체적 욕구, 수면욕구― 가 조금씩 양보해서 동시에 충족된다. 따라서 꿈은 거의 언제나 수면의 파수꾼이다. 여행 도중 며칠간 굶주린 사람은 진수성찬에 둘러싸인 꿈을 꾸며, 신장기능 이상으로 금식 명령을 받은 할머니는 점심식사에 초대받는 꿈을 꾼다. 군에 입대해서 단조롭고 단순한 식사로 불만족스러운 사병들은 풍부하고 다채로운 음식을 끝없이 꿈꾼다. 대체로 생존과 관련된 신체적 욕구충족을 위한 꿈에는 이처럼 왜곡 없이 소원성취가 직접 드러난다.

아이들의 꿈도 아무런 왜곡 없이 직접적으로 소원을 실현한다. 배탈로 온종일 먹지 못한 아이는 그날 밤 잠자면서 먹고 싶었던 음식들을 잠꼬대로 소리 높여 꼽는다. 생전 처음 배를 타고 설레는 마음으로 호수를 건넌 아이는 배에서 내리고 싶지 않아 엉엉 운다. 그날 밤 아이는 밤새 배를 타고 호수를 건너는 꿈을 꾸었다고 말하기 십상이다. 그리스 신화에 심취한 여덟 살 아이는 꿈에서 아킬레스Achilles와 같은 마차를 타고 디오메데스Diomedes를 마부로 삼는다. 속담 〈거위는 옥수수 꿈을 꾼다!〉에도 이 명제가 압축되어 있다. 또 우리가 현실에서 기대 이상

의 일이 성취될 때 기쁨에 넘쳐 쓰는 관용어절 〈그런 일은 꿈에
도 생각하지 못했다〉는 〈꿈은 소원성취다〉라는 표현에 다름 아
니다. 한마디로 격리(억압)될 이유가 없는 꿈들의 소원은 노골
적이고 직접적으로 성취된다. 꿈-사고로 번역할 필요도 해석
할 필요도 없는 꿈들이다.

그러나 많은 사람들은 불쾌하고 소원성취의 흔적은 조금도
찾을 수 없는 꿈들, 오히려 소원성취와는 반대인 꿈들을 의기
양양하게 이 명제 앞에 내세운다. 프로이트는 그때마다 '외현
적 꿈-내용이 아니라, 자유연상을 통해 꿈-사고로 번역될 때
〈꿈은 소원성취〉임이 드러나는 과정에 주목하라고 말한다. 불
쾌한 꿈, 심지어 불안-꿈도 소원성취의 꿈이라는 것이다. 프로
이트는 많은 사례를 들어 가며 불쾌하거나 소원성취와는 거리
가 먼 꿈들이 실은 소원성취라는 것을 입증해 나간다. 〈이르마
의 꿈〉 역시 꿈-내용은 전혀 소원성취의 꿈이라고 볼 수 없지
만, 꿈-사고를 찾아가면서 해석한 결과 소원들의 실현임을 알
수 있다. 물론 이때 성취되는 소원들은 낮의 잔재가 일깨운 여
러 개의 소원들이다.

이쯤에서 우리는 이런 문제를 제기할 수 있다. '소원성취로

드러나는 꿈들은 왜 그 의미를 노골적으로 드러내지 않는 것인가?', '도대체 무엇 때문에 해석이 필요하며 꿈은 왜 의미하는 것을 직접 말하지 않는가?' 해석이 필요한 이유는 꿈-내용이 왜곡되어 있기 때문이다. 1장의 〈도표 1〉(34쪽)을 상기해 보자. 우리가 쓰는 말로 되어 있어 합리적이며 이해 가능한 꿈-사고가 꿈-작업에 의해 꿈-내용으로 바뀐다. 즉 압축과 이동, 형상화가 일어나면서 거꾸로 꿈-내용으로 번역된다. 그 결과 꿈-내용은 알 수 없는 상형문자의 조합이 되어 버리는 것이다. 이것을 프로이트는 꿈-왜곡 현상이라 부른다. 꿈-왜곡은 꿈-작업의 결과물인 셈이다. 왜 꿈-작업, 즉 꿈-왜곡이 일어나야만 하는 걸까?

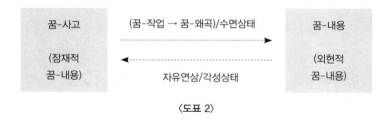

〈도표 2〉

꿈-내용에서 소원성취가 알아볼 수 없도록 왜곡되는 것은 소원에 저항하는 경향 때문이다. 소원이 포진해 있는 꿈-사고와 꿈-내용 사이에 저항 작용이 있다는 말이다. 여기서 프로이트는 심리 체계의 문제로 우리를 데려간다.

우리는 꿈-형성의 장본인으로서 개개인의 두 가지 심리적 힘(경향, 체계)를 가정할 수 있다. 그중 하나는 꿈을 통해 표현되는 소원을 형성하고, 다른 하나는 꿈-소원을 검열하고 검열을 통해 소원의 표현을 왜곡하도록 강요한다. 문제는 검열을 행사하는 두 번째 심역의 권한이 어디에 있는가이다. 잠재적 꿈-사고는 분석이 수행되기 전에는 의식되지 않는 반면에, 외현적 꿈-내용은 의식적으로 기억되고 있다는 것을 고려하면 두 번째 심역이 누리는 특권은 (꿈-)사고가 의식에 진입하는 것을 허락하는 데 있다고 가정하는 것이 설득력 있어 보인다. 두 번째 심역이 사전에 통과시키지 않으면 첫 번째 심역의 어떤 것도 의식에 이를 수 없다. 두 번째 심역은 자신의 권리를 행사해 의식에 들어오고자 하는 것을 자신의 마음에 들도록 변화시키기 전에는 어떤 것도 통과시키지 않는다. 이 과정에서 우리는 의식의 본질에 대한 분명한 견해를 형성할 수 있다. 의식된다는 것은 표상 또는 개념의 형성과

정과 무관한 별개의 특이한 심리적 활동이다. 의식은 다른 곳에서 주어지는 내용을 지각하는 감각기관으로 나타난다.

— 『꿈의 해석』 187–188쪽.

꿈-사고가 위장·왜곡된 결과물이 바로 꿈-내용이다. 어째서 꿈-사고가 왜곡이 되었을까? 꿈-사고에 있는 소원이 그대로 꿈-내용에 들어올 수 없기 때문에 소원을 검열하여 왜곡하고 위장시켜야만 하는 것이다. 그렇다면 꿈-사고와 꿈-내용 사이에, 꿈-사고를 왜곡하여 자신을 만족시켜야만 통과시키는 심역이 있음을 가정할 수 있다. 따라서 꿈-형성에는 두 가지 심역, 꿈-소원을 형성하는 첫 번째 심역과, 그 소원을 검열해서 꿈-내용에 이르도록 하여 우리가 의식할 수 있도록 하는 두 번째 심역, 이 두 심역을 가정해야 한다. 그런 점에서 꿈은 두 심역의 합작품이라고 할 수 있다. 프로이트는 짐짓 꿈-해석, 즉 꿈-사고와 꿈-내용의 관계가 "정신기관의 구조를 밝혀 줄지도 모른다"고 말한다. 여기서 놓치지 말아야 할 것이 있다. '의식'의 본질이 그것이다. 의식한다는 것은 특이한 심리적 활동으로, 의식은 다른 곳, 즉 두 번째 심역 혹은 육체 밖 현실에서 주어지는 내용을 지각하는 감각기관이다. 따라서 의식은 심역이 될 수 없다.

그러면 불쾌한 꿈-내용이 어떻게 소원성취로 해석될 수 있는가? 꿈-내용은 두 번째 심역에서는 불쾌한 것이지만 첫 번째 심역의 편에서는 소원을 성취시켜 주는 무언가를 포함한다. 이 첫 번째 심역에서 출발하는 꿈-소원이 두 번째 심역의 검열을 통과하려면 소원이 드러나지 않게 사소하거나 불쾌한 것으로 변형·왜곡되어야 한다. 그래서 우리의 의식에 도달한 꿈-내용은 불쾌할 수밖에 없으며, 모든 불쾌한 꿈은 본래 소원성취의 꿈인 것이다. 그러면 두 번째 심역이 검열의 끈을 늦출 때, 첫 번째 심역의 소원은 이 검열의 저항을 더 쉽게 뚫을 수 있게 되는데 바로 수면 중이라는 조건이다. 수면 중에 꿈은 첫 번째 심역의 소원을 위장시켜서 두 번째 심역의 저항을 뚫고 진출한다. 그러면 그 위장된 꿈-내용이 우리에게 의식되는 것이다. 이제 우리는 〈꿈은 소원성취〉라는 명제를 이런 명제로 바꿀 수 있다. 〈꿈은 (억압되고 억제된) 소원의 (위장된) 성취이다〉 간단한 예를 들어 보자.

소원-꿈 이론을 반박하면서 젊은 아가씨가 프로이트에게 가져온 꿈이다.

〈지금 우리 언니에게 외아들 카를밖에 없다는 것을 선생님도 기억하실 거예요. 큰아이 오토는 제가 언니 집에 같이 살고 있을 때 잃었어요. 저는 오토를 아주 귀여워했어요. 사실 제가 키운 거나 다름없거든요. 작은애 카를도 좋아하긴 하지만 죽은 오토만큼은 아니에요. 그런데 어젯밤 카를이 죽어서 제 앞에 누워 있는 꿈을 꾸었어요. 그 애가 손을 합장한 채 작은 관 속에 누워 있는 꿈을 꾸었어요. 주변에는 촛불이 켜져 있었어요. 큰아이 오토가 죽었을 때와 똑같았어요. 오토가 죽었을 때 저는 정말 큰 충격을 받았어요. 선생님, 저를 잘 알고 계시잖아요. 하나밖에 없는 언니의 아들이 죽기를 바랄 만큼 제가 나쁜 사람인가요? 아니면 제가 그토록 귀여워했던 오토보다는 차라리 카를이 죽었으면 하고 바라는 걸까요?〉

이 아가씨는 꿈-내용에서 의미를 찾으려 하고 있다. 프로이트는 꿈꾸기 전날 낮의 잔재에 대하여 묻고 꿈-사고를 추적한다. 그녀는 그녀의 집에 머물던 남자에게 연정을 품었지만 그 남자는 발길을 끊고 말았다. 그녀의 자존심은 그를 피하라고 명령했지만, 그로부터 벗어날 수 없었던 그녀는 그 남자가 강연을 한다고 하면 먼발치에서라도 보기 위해 찾아간다는 것이었다. 꿈꾸기 전날 그녀는 그를 보러 갈 예정이었다. 이것이 바로 꿈을 자극한 동기, 낮의 잔재였다. 프로이트가 어린 오토의 죽음 후 무슨 사건이 있었는지 물으니 그녀는 오랫동안 발길을 끊었던 그 남자가 그녀의 집을 찾아와서, 오토의 관 옆에서 그를 다시 만나 보았다고 말한다. 프로이트는 그녀에게 이렇게 말한다. "이제 또 다른 조카애가 죽는다면, 그때와 같은 일이 되풀이될 겁니다. 당신은 언니 집에서 하루를 보낼 것이고 틀림없이 그 남자는 문상하기 위해 다시 찾아올 겁니다. 당신은 그때와 똑같은 상황에서 그를 만나게 되겠지요. 꿈의 의미는 당신이 마음속에서 억누르려고 애쓰는 재회의 소원입니다."

그녀의 꿈이 조카애를 관 속에 넣고 그 남자를 그 옆에 세워, 그녀의 〈억압된 소원을 위장하여 실현〉한 것이 아니라면 무엇이란 말인가.

2) 〈낮의 사소한 잔재〉, 꿈에서 왜 필수적인가?
─ 전의식적 소원들을 일깨우는 낮의 사소한 잔재

프로이트가 〈꿈은 소원성취다〉라는 꿈의 원리를 깨달은 것은 잠재적 꿈-사고를 찾아내면서부터였다. 이전에는 누구도 그런 시도를 한 적이 없었고 모두 '왜곡된' 꿈-내용에서 헛되이 그 의미를 찾으려고 했던 것이다. 꿈이 두 개의 꿈, 꿈-내용과 꿈-사고로 이루어져 있다는 것은, 우리 심리가 두 체계로 되어 있다는 말의 다른 표현이다. 우선 소원을 형성하여 꿈-사고를 만들어 내는 첫 번째 심역과, 그것을 검열하여 꿈-내용으로 왜곡하는 두 번째 심역이 있다고 가정한다는 점에서 그렇다. 여기서 두 번째 심역은 소원이 숨어 있는 꿈-사고에 저항하면서 꿈-사고에 직접 개입한다. 그리고 본래 소원과는 거리가 먼 불쾌한 꿈-내용으로 왜곡하여 의식하게 만든다. 이에 〈꿈은 억압된 소원의 위장된 성취다〉라는 보완된 명제가 탄생했다.

두 번째로 프로이트가 검증하려는 것은 〈모든 꿈에서 낮의 잔재가 필수적인가〉이다. 〈이르마의 꿈〉 해석에서도 본격적인 해석에 앞서 꿈을 자극한 낮의 체험을 찾는 일부터 시작했다. 프로이트에 의하면 "모든 꿈은 〈하룻밤을 채 넘기지 않은〉 체험으로부터 자극인자를 갖게 되며" 그 이전의 인상이 꿈-출처일 경우에도, 분석해 보면 꿈꾸기 전날 다시 상기되었다는 것을 확인할 수 있다. 꿈은 왜 〈낮의〉 〈사소한〉 체험을 선호하는 것일까? 이를 추론하기 위해 프로이트는 자신의 꿈 〈식물학 연구논문의 꿈〉을 선택한다. 그 꿈-내용은 단 세 문장으로 다음과 같다.

나는 어떤 식물에 관해 연구논문을 집필했다. 그 책이 내 앞에 놓여 있고, 나는 원색 삽화를 뒤적거린다. 식물 표본집과 유사하게 말린 식물 표본이 그림마다 부착되어 있다.　─『꿈의 해석』216쪽.

여기서 낮의 사소한 체험은 오전에 서점의 진열장에서 『시클라멘 속』이라는 신간서적을 본 것이다. 왜 사소하고 별 관심도 없는 〈식물학 연구논문〉이 꿈-내용에 등장하는 것일까?

꿈-내용에서 나는 〈사소한〉 인상에 대한 암시만을 발견하고 꿈이 삶의 지엽적인 부분을 내용으로 받아들인다는 사실을 확인할 수 있었다. 그와 반대로 꿈-해석에서는 모든 것이 당연히 흥분

하게 하는 중요한 체험으로 귀결된다. 분석을 통해 드러난 잠재
적 내용[꿈-사고]에 따라 꿈의 의의를 판단하는 것이 유일하게 올
바른 태도이다. 이렇게 해서 나는 뜻밖에도 새로운 중요한 인식
에 이르렀다. 꿈이 낮에 경험한 일 중에서 사소하고 단편적인 것
만을 다루는 수수께끼가 풀리는 것을 알 수 있다 … 당연히 흥분
할 만한 낮의 인상이 꿈을 꾸게 된 동기인데도 [그 동기는 꿈-내용
에 등장하지 않는다.] 사소한 인상을 꿈꾸는 것에 대한 가장 납득할
만한 설명은 여기에서도 분명 꿈-왜곡이 존재한다는 것이다. 시
클라멘 속 연구논문에 대한 [사소하고 관심도 가지 않는] 기억이 [높
은 심리적 가치를 가진] 친구와의 대화에 대한 암시처럼 활용된다.[1]

— 『꿈의 해석』 221-222쪽.

낮의 잔재 중에서 정작 꿈-자극 요인이 될 만한 친구와의 대
화는 아예 꿈-내용에 등장하지 않고 그 대신 [사소하고 관심도 가
지 않는] 식물학 연구논문이 꿈-내용에 등장한다. 이것이 중요
한 것으로부터 사소한 것으로 강조점을 〈이동〉시키는 것으로,

---

1 [　]의 내용은 필자가 임의로 넣은 것임.

꿈-왜곡이다. 물론 두 표상들 사이에는 매개가 될 만한 어떤 공통성이나 연결고리가 존재해야 한다. 〈꿈-자극이 될 만한 친구와의 대화〉와 이를 대체한 꿈-내용의 〈시클라멘 속屬 연구논문〉사이에는 식물학 표상 범주의 여러 연결고리들이 존재하며, 가장 중요한 것으로 코카인을 둘러싼 관계가 포함되어 있다. 프로이트는 코카인의 마취 성분을 가장 먼저 발견하고 이에 대한 자부심을 갖고 있지만, 그의 친구 콜러Karl Koller가 논문을 먼저 발표하여 최초 발견자로 등재되어 있다. 전날 저녁 대화를 나눈 친구인 쾨니히슈타인Leopold Königstein도 코카인과 관련 있는 인물이다. 이처럼 코카인과 관련된 꿈-사고는 프로이트가 격리(억압)시켰기 때문에 쉽사리 저항에 부닥쳤던 것이다. 이 때문에 〈꿈을 자극한 친구와의 대화〉 대신 〈사소한 식물학 연구논문〉이 꿈에 등장할 자격을 얻게 된다.

여기서 주목할 것은 〈이르마의 꿈〉에서 본 바와 같이 낮의 잔재는 전의식적 소원들을 일깨운다는 점이다. 이 꿈에서는 〈꿈-자극이 될 만한 친구와의 대화〉가 낮의 잔재로서 전의식적 소원들의 동기가 된다. 전날 친구와의 대화는 코카인에 대한 여러 기억들을 되살리면서 프로이트의 마음에 복잡한 변화를 불러일으켰다. 프로이트는 친구와의 대화에서 그의 논문 중심의 연구나 서적 수집과 같은 특별하고 사치스러운 취향, 그리고 식물학 등을 등한시하는 태도에 대한 친구의 비난에 부딪친다. 하지만 이에 대하여 어떤 자기변호도 하지 못한 채 대화는 중간에 미진하게 중단되었다. 이 미진함이 어떤 소원들을 일깨웠던 것이다. 그러나 그 코카인과 관련된 어떤 소원은 검열을 피하기 위해 꿈-내용에서 〈사소하고도 별 관심도 없는〉 식물학 연구논문으로 이동한다. 때문에 소원성취는 꿈-내용의 식물학 연구논문과는 전혀 상관없이 다음과 같이 이루어진다.

"코카인, 그리고 식물학을 비롯한 어떤 분야들을 등한시하는 내 태도 등 미진했던 사고 흐름이 계속되어 다방면에 걸친 대화의 어느 한 흐름에 귀착된다. 꿈은 처음 분석한 이르마의 꿈처럼 변명하고 내 권리를 변호하는 특성을 띤다."

프로이트는 〈식물학 연구논문의 꿈〉에서 새로운 재료를 빌어 다시금 자신을 옹호한다. "나는 코카인에 관한 성공적이고 귀중한 논문을 저술한 남자이다." "사치스런 취미에만 빠져 있고 식물학 등의 분야를 등한시한다는 비난을 인정할 수 없다" 라고 자신을 변호하고 있는 것이다. 자신을 변호하려는 소원의 표상은 코카인을 비롯한 여러 식물 범주의 표상 —게르트너(정원사), 활짝 핀, 플로라 등— 을 타고 흐르면서 낮에 본 〈사소한〉 식물학 연구논문에 닻을 내리며, 이 사소한 표상이 꿈-내용에 진입한다. 이렇게 중요한 소원을 자극하는 사건을 눈에 띄지 않는 사소한 것으로 바꾸는 것이 꿈-작업 〈이동〉이다. 꿈-사고의 중요한 흐름을 꿈-내용의 사소한 표상으로 이동함으로써 두 번째 심역의 검열을 피하여 꿈-내용에 진입하고 있는 것이다.

그러면 '왜 사소한 낮의 잔재가 꿈 형성에 필수적일까'라는 의문을 풀 차례이다. 꿈은 낮의 잔재가 일깨우는 전의식적 소원만으로는 절대 형성되지 않는다. 꿈-작업의 원동력인 무의식적 소원의 지원을 받아야만 한다. 우리는 〈이르마의 꿈〉에서도, 〈식물학 연구논문의 꿈〉에서도 전의식적 소원들이 성취되는 것을 확인했다. 그러나 프로이트는 무의식적 소원에 이르러서는 아무 말도 하지 않는다. 〈말로 할 수 없는 소원〉이기 때문이다. 그러면 무의식적 소원은 어떻게 성취될까? 전의식적 소원이 우연한 복수의 소원들인 데 반해, 무의식적 소원은 단수이다. 에너지가 투여된 이 무의식적 소원은 유사성의 그물망을 타고 자신의 에너지를 실을 전의식적 소원의 표상을 찾는다. 전날 낮에 이루지 못하고 잠재해 있던 여러 전의식적 소원들 중 무의식과 접속된 소원들이 자극을 받으며 꿈의 동기로 작동한다.

이를테면 사치스런 〈취미〉에만 빠져 있어 식물학 같은 어떤 분야를 등한시한다는 비난에 "나는 코카인에 대한 성공적이고 귀중한 논문을 저술한 남자"라고 자신을 변호하는 것은 전의식적 소원성취이다. 프로이트가 밝히지 않은, 말할 수 없는 무의식적 소원은 유사성을 가진 전의식적 소원과 접속된다. 접속을 통해 무의식적 소원의 에너지가 전의식적 소원으로 이동하는데, 이 같은 방식으로 전의식적 소원들이 일깨워지고, 무의식적 소원이 함께 실현된다. 무의식적 소원의 입장에서 보자면, 자신의 리비도(에너지)가 전의식적 소원성취에 투여될 때가 아니면 어떻게 실현될 수 있겠는가? 다시 말하면 무의식적 소원은, 낮의 잔재가 일깨운 전의식적 소원성취를 통해서만 그 뒤에 숨어서 실현이 가능하다. 따라서 꿈이 형성되기 위해서는,

꿈의 원동력인 무의식적 소원이, 어떤 유사성에 의해 연합할 수 있는 전의식적 소원이 필수적이다. 그렇다면 전의식적 소원은 어떻게 형성되는가? 바로 꿈꾸기 전날 마음의 소용돌이를 일으켰지만 표출되지 못하고 미진한 채 가라앉은 잔재가 어떤 소원들을 일깨운다. 이 전의식적 소원들과 접속되지 않는다면 모습을 드러낼 수 없는 무의식적 소원은 성취될 수가 없다. 따라서 꿈의 형성에서 낮의 잔재는 그것이 일깨우는 전의식적 소원들과 함께 필수적인 요소다. 프로이트의 유명한 비유에 따르면, 낮의 잔재는 꿈의 사업가로 활동한다. 그러나 에너지, 즉 자본을 제공하는 무의식적 소원의 공명이 없다면 꿈은 절대 이루어지지 않는다. 더 밀고 나가면 낮의 잔재는 무의식적 소원이 검열을 피하기 위해 이용하는 우연하고 사소한 요소나 기호에 불과하다. 그러나 그것은 꿈-형성에 필수적이다.

실증주의자 프로이트는 여기에서도 무의식적 소원이라는 용어조차 사용하지 않으며, 그것과 전의식적 소원과의 관계도 명료하게 밝히지 않는다. 『꿈의 해석』 7장 「꿈-과정의 심리학」에 이르러서야 무의식과 소원의 근원이 탐색되고, 꿈-과정에서 소원성취가 어떻게 이루어지는지를 체계적이고도 세세하게 우리에게 보여 준다. 우리도 3장에서 꿈-과정을 다루면서 무의식적 소원이 어떻게 성취되는지를 심리 체계와 연관 지어 보게 될 것이다.

꿈-내용의 사소한 낮의 체험은 아주 중요한 전의식적 소원의 동기를 대신한다. 프로이트가 인용한 간략한 사례를 짚어 보자. 이런 경우 사소한 것은 무의식적 소원과 유사성에 의해 연결되어 있는, '꿍꿍이가 따로 있는' 필수적 꿈-재료이다.

〈그녀의 남편이 묻는다. '피아노를 조율해야 하지 않을까?' 그녀가 대답한다. '그럴 필요 없어요, 어쨌든 가죽을 새로 씌워야 해요.'〉

이 꿈은 낮에 실제로 일어난 일의 반복이다. 짧고 단순한 꿈이지만 그 의미는 그렇지 않다. 그녀는 〈피아노〉가 〈듣기 싫은 소리〉를 내는 〈혐오스러운 상자〉라고 연상한다. 〈그럴 필요 없어요〉는 그녀가 방문한 친구 집에서 그녀가 한 말이다. 그 말을 하면서 단추가 풀려 있는 자신의 외투를 움켜쥐었는데, 그것은 마치 〈보지 마세요, 그럴 필요 없어요〉라고 말하는 것처럼 들렸다는 것이다. 이 사건이 바로 낮의 잔재로, 꿈-자극 요인이 된다. 단추가 풀려 있어 가슴이 보일 뻔한 일이 꿈을 자극한 것이다. 그러나 꿈-내용은 터무니없이 피아노 조율에 관한 대화이다. 프로이트의 〈식물학 연구논문의 꿈〉처럼 꿈-자극 요인이 은폐되고, 이것이 〈피아노〉로 이동된 것이다. 그렇다면 가슴과 피아노 사이에 어떤 유사성이 있어야 한다. 피아노는 상자Kasten-가슴상자Brustkasten(흉곽)의 이동-대체였다. Kasten이라는 공통적 철자 혹은 발음을 매개로 가슴이 피아노로 이동하고 있지 않은가. 이어 꿈-사고는 [피아노-상자Kasten-가슴상자Brustkasten]를 통해 자신의 신체 발육 시기로 거슬러 올라간다. 이 꿈-사고가 검열을 거치며 꿈-내용에서는 낮의 사소한 대화인 〈피아노〉와 〈그럴 필요 없어요〉로 이동했던 것이다. 분석은 여기서 멈추고 있지만, 꿈-사고는 결코 단순하지 않게 이어질 것이다. 여기서도 〈말할 수 없는 단수의 소원〉이 개입되어 있음에 틀림없으며, 그것은 꿈-과정에서 전의식적 소원들과 함께 실현되었을 것이다.

3) 어린 시절의 기억, 그것은 왜 꿈의 보편적 출처인가?
— 무의식적 소원이 잠겨 있는 어린 시절의 기억

꿈-내용에 어린 시절의 인상이 나타난다는 것은 프로이트 이전의 꿈 연구가들도 공통적으로 주장해 왔던 내용이다. 프로이트는 〈어린 시절의 인상〉이 문제된다는 것을 객관적으로 입증하려 한다. 꿈-내용에는 〈어린 시절의 인상〉이 등장하지 않는 경우가 태반인데, 이를 어떻게 입증할 수 있는가? 물론 꿈-내용과 함께 꿈을 이루는 또 하나의 꿈, 꿈-사고를 통해서이다. "꿈-사고로 주의를 돌리면, 놀랍게도 전혀 예측하지 못한 내용의 꿈에서도 어린 시절의 체험이 관계하고 있는 것을 확인할 수 있다." 어린 시절의 사건은 꿈-내용에서 암시로 대체되는 것이 일반적이다. 더 나아가서는 "꿈을 자극하고 꿈을 통해 성취되는 소원조차 어린 시절에서 유래한다는 것을 알게 된다. 놀랍게도 〈꿈속에서 어린이는 그 충동과 더불어 계속 살아 있다〉." 프로이트는 이 명제를 위해 많은 꿈을 인용하며 분석하지만, 특히 자신의 꿈 네 편을 상세히 분석한다. 우리는 놀랄 만큼 솔직한 분석을 통해, 복잡한 그물망처럼 얽힌 꿈-사고 흐름들이 〈유서 깊은 소원〉이라는 하나의 줄기로 향하고 있음을 확인하게 될 것이다.

모든 꿈에 어린 시절의 기억이 관계하고 있는 것은 그 특별한 기억 속에 〈유서 깊은 소원〉이 살아 있기 때문이다. 그렇다면 〈유서 깊은 소원〉은 필시 말로 할 수 없는 무의식적 소원을 담고 있으며, 그것은 유사성에 따라 낮의 잔재가 일깨우는 전의식적 소원들과 접속되면서 꿈-작업은 두 종류의 소원을 성취시키는 것이다.

프로이트가 상세하게 분석한 자신의 꿈 네 편 중 두 편을 읽어 보자. 여기서 우리는 지면상 꿈-사고 전체를 인용하지 못한다. 꿈-사고의 부분적 인용이나 요약은 꿈을 이해하는 데 도리어 걸림돌이 될 수도 있지만, 꿈속에 살아 있는 어린 시절의 소원 동기 ―아마도 무의식적 소원을 담고 있을― 를 찾는 데 의의를 두려고 한다.

첫 번째 보려는 꿈은 '꿈을 자극하는 소원이 현재의 것이면서도 유년시절의 기억에 의해 강화된' 예로서 로마에 가고 싶다는 동경에서 비롯된 네 차례의 꿈이다. 로마는 세계의 중심지로 묘사된다. 그는 〈로마에 가고 싶은 네 차례의 소원〉이 〈열렬히 추구하는 다른 소원〉을 대신하면서 그것을 은폐하는 역할을 했다고 분석한다. 그 〈열렬히 추구하는 다른 소원〉은 언제 어떻게 형성되었을까? 유대인 프로이트는 김나지움 시절 학우들의 반유대적 움직임을 접하면서, '로마에서 전 세계가 자신을 기다리고 있기 때문에 캄파니아로 진군한' 한니발Hannibal Barca을 숭배한다. 이때 '강인한 유대인 기질의 사령관 한니발'이 소년 프로이트의 심리 안에 확고하게 자리 잡는다. 로마 입성이 인생 최대 소원인 한니발과 로마에 가고 싶은 꿈을 네 번이나 꾸는 프로이트. 두 유대인은 '로마에서 전 세계가 자신을 기다리기 때문에' 로마를 소원하고 동경한다. 프로이트의 경우, 전 세계적 영웅이 되고 싶다는 소원이 로마에 가고 싶다는 〈사소한〉 소원으로 이동하면서 은폐된다. 프로이트의 꿈-사고는 더 먼 어린 시절의 기억으로 거슬러 올라간다. '건장한 키 큰 남자'인 자신의 아버지가 기독교인에게 멸시를 당했다는 것을 전해 듣고, 그 상황을 한니발의 아버지 하밀카르Hamicar Barca가 로마인에게 복수를 맹세하는 장면으로 대치시켰던 것을 기억해 낸다. 이 심리적 사건의 매개물은 더 먼 유년시절로 거슬러 올라가는데, 글을 읽게 된 이후 처음으로 읽은 책에 나온 인물인 유대인 출신 집정관 마나세André Masséna(유대식 이름은 '마세나'가 아니라 '마나

세'이다)를 좋아했던 장면이다. 여기에는 프로이트와 마나세가 100년을 사이에 두고 정확히 같은 날 태어났다는 우연도 겹친다. 어린 시절로 점점 깊이 갈 뿐만 아니라 꿈-사고는 한니발을 따라 알프스를 넘은 나폴레옹Napoléon Bonaparte까지 확산된다. 한니발-나폴레옹-프로이트로 이어지는 꿈-사고의 맥락을 짐작할 수 있다. 그는 이 꿈-해석의 말미에서 그의 영웅숭배의 배경은 〈생후 3년 동안 한 살 연상의 친밀한 소년(프로이트의 조카)과 싸우고 노는 과정에서, 힘이 약한 소년인 자신이 품게 되었을 소원〉까지 거슬러 올라간다. 꿈-사고에는 이 시기의 기억까지 이르러 표현되지만 그것은 이미 의식적인 것이다. 무의식적 소원이란 〈말할 수 없는, 말로 표현할 수 없는〉 것이다.

두 번째 꿈, 프로이트는 휴가 여행에서 툰Thun 백작이 차표를 보여 달라고 하는 역무원을 말없이 손을 흔들어 물리치는 모습을 목격하고는 도도하고 호전적인 기분이 되며 대담하고 혁명적인 생각들을 떠올린다. 그와 안면 있는 사람 역시 직분을 내세워 반값으로 일등칸 좌석을 얻어 낸다. 반면 그는 일등칸 요금을 모두 지불하고 찻간을 지정받았지만 화장실을 사용할 수 없는 칸이었다. 그날 밤 프로이트는 네 장면의 꿈을 꾸고 소변

욕 때문에 잠에서 깨어난다.

이 꿈 역시 여러 꿈-사고들이 얼크러져 있고 여러 장면에서 상세한 분석을 자제한다. 이 꿈에 대해 프로이트는 "문제는 분석 결과를 숨겨야 하는 이유가 아니라 꿈의 실제 내용을 나 자신에게 은폐하는 내적 검열의 동기이다. 그 때문에 나는 분석 결과 꿈의 세 부분이 뻔뻔한 허풍, 깨어 있을 때는 오래전 억압한 우스꽝스러운 과대망상의 표출이라는 것을 인식할 수 있었다고 말해야 한다. 이 과대망상은 꿈-내용의 곳곳에 드러나고 있으며 꿈꾸기 전날 저녁의 도도한 기분을 충분히 헤아리게 한다. 더욱이 전체적으로 모든 곳에서 허세가 엿보인다"고 말한다. 낮의 잔재가 과대망상적인 소원을 일깨웠다면, 이것은 무의식적 소원의 지원을 받았을 터이다. 그는 과대망상적인 꿈-사고가 거슬러 올라가서 닿는 두 사건, "꿈을 분석하기로 결정한 계기가 되는" 두 사건을 떠올리는 요소를 끄집어내고 있다. 그 지점만을 짚어 보기로 한다.

하나는 두 살 때의 일로, 기억 속의 이야기가 아니라 들은 이야기다. 두 살배기 프로이트는 때때로 〈침대를 적셨고〉 그 때문에 꾸지람을 듣자, 근사한 〈붉은〉색 〈새〉 침대를 사 주겠다는 약속으로 아버지를 위로했다. "어린아이의 과대망상이 그 약속에 담겨 있다. 정신분석에서 침대에 오줌을 싸는 것과 공명심이라는 성격적 특징은 밀접한 관계가 있다."

또 하나는 프로이트가 상세히 기억하는 내용이다. 일고여덟 살 무렵 그의 집에는 부모님 침실에서 용변을 보아서는 안 된다는 금기가 있었다. 어느 날 그는 금기를 어겼고, 아버지는 그런 녀석은 아무 것도 되지 못한다며 크게 나무라셨다. 이에 대한 꿈-사고는 "그것은 틀림없이 내 공명심에 엄청난 모욕이었을 것이다. 이 장면이 두고두고 꿈에서 암시되고 그럴 때마다 내 업적과 성공이 보란 듯이 열거된다. 마치 〈자 보세요, 나도 이만하면 성공했잖아요〉라고 말하는 듯이 말이다"로 기술된다. 더 나아가 프로이트는 이 사건이 제공한 꿈-장면을 이렇게 말한다. "중년 남자는 아버지가 분명하다. 한쪽 눈의 실명이 한쪽 눈에만 걸린 녹내장을 의미하기 때문이다. 내가 옛날에 아버지 앞에서 그랬던 것처럼 아버지는 내 앞에서 소변을 본다. 나는 약속을 지켰다는 듯, 녹내장을 통해 그의 수술에 도움을 준 코카인 ―코카인의 마취 성분은 프로이트의 발견물이다― 을 그에게 상기시킨다. 게다가 나는 그를 놀리기까지 한다. 눈이 보이지 않는 그에게 〈소변 병〉을 받쳐 주는 데다가 또한 내가 자랑스러워하는 히스테리 이론에 대한 지식을 마음껏 암시하기 때문이다."

두 꿈의 꿈-사고에서 실현되는 소원은 모두 어린 시절에서 기원한다. 한니발과 동일시하면서 세계(로마)를 무릎 꿇리는 소원, 아버지에게 복수하면서 자신의 성공을 보란 듯이 자랑하는 소원, 모두 다분히 자기애적이며 과대망상적인 소원들이다.

앞서 말한 바와 같이 꿈-사고를 깊게 파고들면 예외 없이 유서 깊은 소원을 향하는 사고 줄기가 형성되어 있는 법, "꿈을 자극하고 꿈을 통해 성취되는 소원조차 어린 시절에서 유래한다." 어린 시절의 소원이 꿈에서 필수인 이유는 뭘까? 말할 것도 없이 그것에 무의식적 소원이 담겨 있기 때문이다. 그러나 프로이트가 놀랄 만큼 솔직하게 분석한 두 꿈에서 드러난 소원들은 모두 말로 표현할 수 있는 전의식적 소원들이다. 무의식적 소원은 있는 그대로 드러날 수 없으며, 더구나 말로 할 수 없는 소원이다. 프로이트가 여러 곳에서 꿈-사고를 멈춘 것은 개인사의 노출을 꺼린 이유도 있지만 바로 말로 할 수 없기 때문이다.

앞서 말한 바와 같이 프로이트는 전의식적 소원과 무의식적 소원이라는 구분은 물론, 용어조차 아직 꺼내고 있지 않지만, 힌트처럼 이렇게 말한다.

꿈은 자주 〈다의적으로〉 보인다. 사례들에서 볼 수 있듯이 꿈 하나에 소원성취가 여러 개 나란히 결합해 있을 수 있을 뿐만 아니라, 한 의미나 소원성취가 다른 것을 은폐하고 있어 맨 밑에서 유년시절 최초의 소원성취에 부딪치게 될 수도 있다.

— 『꿈의 해석』 271쪽.

4) 신체적 자극은 낮의 잔재로 가공된다

우리는 앞서 꿈-자극 요인은 낮의 잔재가 불러일으킨 우연한 전의식적 소원들이며, 이 소원들은 어린 시절의 기억에 잠긴 무의식적 단수 소원을 촉발시켜 그로부터 에너지를 얻음으로써 꿈-형성이 가능하다는 것을 보았다. 이 말은 거꾸로 무의식적 소원이 의식에 도달하기 위해 호시탐탐 검열을 피하려고, 사소한 낮의 잔재와 연결을 시도하고 있다는 말이기도 하다. 프로이트는 여기서 꿈-자극 요인으로서 하나를 더 짚고 넘어간다. 바로 신체적 꿈-출처이다. 그는 이전의 모든 꿈 연구가들이 주장했던 신체적 꿈-자극 이론을 비판적으로 정리하면서, 신체적 자극이 자신의 꿈-이론에서 무엇에 해당하는지 그자리를 지정함으로써 그들의 논의들을 종결시킨다. 미리 밝히자면 그것은 전의식적 소원들을 일깨우는 '낮의 잔재'에 해당한다. 이 주제에서는 프로이트 이전 선행연구들의 경향을 파악하는 기회도 가져 보려 한다.

신체적 꿈-자극 이론에서는 신경자극이나 신체자극 또는 감각적 자극이 꿈의 원천이라고 간주한다. 프로이트 이전의 거의 모든 꿈 연구가들과 지식인들이 공유한 견해였다. 그들은 한결같이 심리적인 꿈-자극 요인은 뒷전으로 미루거나 완전히 배제했으며 소화불량, 위장장애, 잠자는 동안 취하는 몸의 우연한 위치와 사소한 신체자극이 꿈-형성의 주요 요인이라고 내세웠다. 프로이트는 이 신체자극 이론이 과연 꿈을 해명할 수 있을까? 라고 의문을 표한다.

우선 외적 자극이 그대로 꿈에 나타나는 경우는 흔치 않다. 아주 강도 높은 감각자극이나 운동자극, 심지어는 심한 통증도 항상 꿈에 엮여 등장하지는 않는다. 도리어 그것 때문에 잠을 깨는 경우가 많다. 만약 외적 자극이 꿈에 엮여 들어온다면 그

대로 인식되지 않고 항상 오인되며, 그 오인된 자극에 대한 심리적 반응도 규정할 수 없을 정도로 변화무쌍하다. 사정이 그러하니 신체적 꿈-자극과 꿈-내용의 표상과의 관계를 입증하는 고리가 무엇인지 증명된 바도 없다.

그럼에도 셰르너Karl Albert Scherner와 폴켈트Johannes Volkelt와 같은 연구가들은 자극이 유래하는 기관과 꿈-형상의 관계를 상징적으로 묘사한다. 이를테면 고양이 형상은 화가 난 불쾌한 마음을, 밝은색의 과자 형상은 벌거벗은 몸을 상징하며, 문머리가 둥근 현관은 구강기관, 층계는 목구멍에서 식도로 이어지는 부분에 상응한다. 이런 방식으로 인간의 몸은 집, 신체기관이나 감각기관은 집의 일부라고 상상하는 방식이니, 해석의 범위는 인간의 신체적인 것에 제한될 수밖에 없으며, 꿈-해석이란 자극을 가지고 환상을 보는 것 이상이 될 수 없었다. 그들은 꿈이 왜 신체를 집으로 묘사하는지 입증할 수 없었으며, 왜 그런 꿈을 꾸는 것인가에 대한 의문에는 접근조차 할 수 없었다. 그들에 따르면 꿈은 목적 없는 무익한 활동으로서 신체적 자극이 정신(심리)에 부과하는 환상에 불과한 것이 되고 만다.

조금만 더 생각해 보면 우리는 꿈을 통한 신체자극의 상징화에 결정적 반론을 제기할 수 있다. 일반적으로 정신은 깨어 있을 때보다 잠자는 동안 신체자극에 더 민감하다. 그렇다면 정신은 신체기관의 꿈을 밤새 꾸어야 마땅하지 않은가? 만약 아주 특별한 자극이 있어야만 꿈을 꾼다면 이 자극의 고조를 객관적으로 증명할 수 있는가? 꿈이 호흡할 때 폐엽肺葉의 상하운동을 상징하는 것이라면, 꿈꾸는 동안 호흡이 더 왕성하다는 걸 증명해야 하지 않는가?

프로이트는 이전 연구가들과는 완전히 차원을 달리하면서 꿈이 심리적 활동으로서 가치를 갖고 있으며, 소원이 꿈-형성의 원동력이고, 낮의 체험과 어린 시절의 체험이 이것을 자극함으로써 꿈이 이루어진다는 것을 실증적으로 증명해 냈다. 신체자극 이론을 인정한다면 프로이트 이전에는 신체적 꿈-자극 이론에 의한 꿈, 이후에는 프로이트 이론에 의한 꿈, 이렇게 두 종류의 꿈이 있다고 하는 셈이다. 물론 꿈이 두 종류일 가능성은 전혀 없다. 이 이론에 대하여 프로이트는 이렇게 말한다.

"이제 남아 있는 일은 널리 알려진 신체적 꿈-자극 이론의 토대를 이루는 사실을 우리의 꿈-이론에 배열하는 것이다 … 이러한 자극들은 현재 활동하고 있는 것이기 때문에 중요하다. 그것들은 심리적으로 활성화되어 있는 다른 것들과 결합하여 꿈-형성에 재료를 제공한다. 다른 말로 표현하면 자면서 받는 자극들은 우리가 알고 있는 낮의 심리적 잔재들과 함께 소원성취로 가공된다. 심리적 꿈-출처에 신체적 재료를 추가해도 꿈의 본질은 변화하지 않는다. 활성화된 재료를 통해 어떻게 표현되든지 간에 변함없이 꿈은 소원성취이다. ─『꿈의 해석』 280-281쪽.

이 외적 자극을 심리는 어떻게 받아들일까? 숙면을 방해하지 않도록 자극을 억압할 수도 있고, 자극에 반응하기 위해 우리를 깨울 수도 있으며, 꿈속에 끼워 넣음으로써 자극으로부터 오는 소원을 성취할 수도 있다. 프로이트는 통증에 의한 신체적 자극이 꿈에 엮여 들어온 사례로, 역시 자신의 〈회색 말을 타는 꿈〉을 든다. 꿈을 자극한 신체적 자극은, 전날 움직이기만 해도 끔찍한 통증을 유발한 음낭 근처에 부풀어 오른 부스럼이었다. 그런데 꿈에서는 병의 위치나 종류를 볼 때 더없이 부적절하게 말을 타고 있는 것이다. 게다가 그는 말을 탈 줄도 모르는데 말이다. 이것이 소원성취 ─회음부에 부스럼이 나지 않은 것처럼, 아니 나지 않았기를 바라기 때문에 말을 타는 것— 가 아니라면 무엇이겠는가. 통증의 자극이 잠을 깨우려 했을 때, 꿈은 부스럼에 의한 통증을 부인하면서 아프지 않았으면 하는 소원과 더불어 수면 소원도 성취하고 있는 것이다.

꿈-자극으로서 신체적 자극은 낮의 잔재의 위치에서 가장 잘 결합할 수 있는 전의식적 소원을 깨워 낼 것이다. 이 꿈에서도 통증을 부인함으로써 아프지 말았으면 하는 소원과 수면 소원도 성취하지만, 이로써 일깨워진 소원들이 어떻게 성취되는지 그 해석이 이어진다. 프로이트는 "해석을 계속하면 꿈-작업이 말 타고 싶어 하는 소원에서 한 살 위 조카와의 사이에서 있었던 어린 시절 사건으로 거슬러 올라간다"며, 부스럼 위치인 Genitalien(생식기)이 같은 발음의 gen Italien(이탈리아를 향해)으로 이동하면서 성적인 사고에 이른다고 말하고 있다. "신체적 자극은 영혼 안에 숨어 있는 소원충동과 가장 잘 결합할 수 있는 것을 선택한다. 그렇게 명백하게 결정되어 있다. 자의에 맡겨지는 것은 아무 것도 없다."

2장
꿈-작업

1. 꿈-사고와 꿈-작업

꿈의 비밀의 발견, 그 시작은 프로이트의 발명에 가까운 꿈-사고라는 개념이었다. 꿈을 꾼 후 기억에 남아 있는 꿈-내용을 구성 요소로 분해하고, 이를 실마리로 자유연상을 통해, 깨어 있는 동안 우리가 사용하는 말로 번역한 것, 그것이 꿈-사고이다. "꿈-사고와 꿈-내용은 하나의 내용을 두 개의 다른 언어로 묘사하는 것과 같다." "꿈-내용은 다른 언어로 쓰인 것처럼 이해하기 어렵기 때문에, 마치 상형문자로 쓰여 있는 것 같기 때문에 기호 하나하나를 꿈-사고의 언어로 옮겨 놓아야 한다. 즉 번역이 필요한 것이다."

〈이르마의 꿈〉을 비롯하여 분석 대상이 된 꿈들의 꿈-사고는 사고와 기억의 아주 복잡한 복합체로서, "보통 하나 이상의 중심에서 출발하지만 서로 접촉하는 여러 사고의 흐름들이다. 한 사고 과정 옆에는 거의 규칙적으로 그와 모순되는 반대 사고 과정이 존재하며, 양자는 대립연상을 통해 결합해 있다"(『꿈의 해석』 372쪽). "꿈-사고는 일반적으로 결말이 없고, 그물처럼 얽혀 있는 우리의 사고 체계와 사방으로 맞닿아 있다. 균사체에서 버섯이 고개를 쳐드는 것처럼, 그물이 보다 조밀한 부분에서 꿈의 소원이 생겨나는 것이다"(『꿈의 해석』 612쪽). 이 그물망처럼 얽혀 있는 꿈-사고의 줄기들에는 낮의 잔재, 그것이 일깨운 우연한 전의식적 소원들의 표상, 그리고 그것들에 자신을 에너지를 실어 활성화시키며 공명하는 무의식적 소원의 표상이 마치 별자리처럼 포진하고 있다. 프로이트는 각각의 꿈들마다 꿈-내용과 꿈-사고의 관계를 추적해 나가면서 꿈을 해석할 수 있었으며, 꿈을 이루고 있는 필수적인 재료들의 관계와 그것들의 출처를 찾아냈던 것이다. 〈꿈은 소원성취이다〉라는 핵심 원리를 깨달은 것도 꿈-사고를 통해서였다. 이 모든 것은 이전

연구가들과는 전혀 다른 방식, 꿈-내용과 꿈-사고의 관계를 추적하면서 찾아낸 것들이었다. 이렇듯 꿈-사고는 꿈의 비밀을 찾아내는 열쇠였다.

그렇다면 꿈-사고가 꿈의 근원적 본질일까? 다들 고개를 저을 것이다. 꿈-이론의 핵심 명제는 〈꿈은 소원성취〉이다. 꿈을 꾸는 목적, 이유, 원인 등 모든 것의 근원은 소원이며, 꿈-과정 전체는 이 소원의 성취로 이루어진다. 그러면 꿈의 비밀을 밝혀 준 꿈-사고에서 소원이 이루어지는가? 물론 아니다! 꿈-사고에 깔려 있는 복수의 전의식적 소원들과 단수인 무의식적 소원이 이루어지는 것은 꿈-작업의 과정에서이다. 그러므로 꿈의 본질은 꿈-과정의 전체 도정 중 꿈-작업에 있다. 꿈-사고는 소원성취를 위한 일련의 과정 중 하나일 뿐이다. "꿈-작업만이 꿈의 본질적인 것이며 꿈의 특수성을 설명해 준다." 꿈-작업은 어떻게 이루어지는가, 우리가 넘어야 할 두 번째 고개이다.

우리의 꿈을 구성하고 있는 두 개의 꿈, 꿈-내용과 꿈-사고 중 시간의 차원으로 보자면 어느 것이 선행하는 걸까? 우리는 각성상태에서 꿈-내용으로부터 자유연상을 통해 꿈-사고를 끌어냈지만, 통시적으로는 꿈-사고가 먼저이다. 프로이트가 꿈-사고를 잠재적 꿈-내용, 꿈-내용을 외현적 꿈-내용이라고도 한 것도 꿈-사고가 선행함을 잘 드러내 준다.

꿈 형성의 심리적 작업은 두 가지 작용으로 나뉜다. 꿈-사고의 생산과 그것이 꿈의 발현 내용으로 변형되는 것이 그것이다.

— 『꿈의 해석』 590쪽.

먼저 꿈-과정의 전체 도정 중 첫 번째 단계인 꿈-사고의 생산, 그건 어떻게 이루어지는 걸까? 꿈-사고는 완전히 합리적이며 완벽히 논리적으로, 그리고 광범위하게 구성된 여러 사고의 흐름들로, 낮의 각성상태에 있을 때 전의식의 심역에서 형성된다. 애초에 사고의 흐름은 아주 사소한 것으로, 관심 밖에 있거나 주의를 끌더라도 곧 관심 밖으로 밀려나는 사고들이다. 이렇게 의식화되지 못하는 사고 흐름들은 대부분 쉽게 소멸되지만, 꿈-사고로 형성되면 소멸되지 않고 잠들기 전까지 유지된다. 그 이유가 무엇일까? 등한시된 사고 흐름에 에너지의 공급원, 활성화된 무의식적 소원의 표상이 결합하기 때문이다. 이 무의식적 소원의 지원이 없으면 꿈-사고는 절대로 형성되지 않는다. 활성화되어 있는 무의식적 소원의 표상은 전의식의 저항 내지 검열 때문에, 있는 그대로는 절대로 전의식에 도달할 수 없다. 그래서 전의식이 받아들일 만한 사소한 표상(낮의 잔재)과 결합하여 전의식의 검열을 피하는 동시에, 자신의 에너지를 그것에 전이시킨다. 앞서 본 바와 같이 사소한 낮의 잔재가 꿈을 형성하는 데 필수적인 것이 바로 이 때문이며, 어린 시절의 기억이 필수적인 재료인 것은 무의식적 소원이 담겨 있기 때문이다. 이 억제되거나 등한시된 사고 흐름은 의식되지는 않지만 전이된 에너지로 인해 소멸되지 않고 잠자기 전까지 꿈-사고로서 유지된다. 꿈-사고는 의식되지 않고 잠재해 있다는 의미에서도, 무의식적 소원 표상이 결합해서 이미 무의식의 심역으로 끌어내려져 있다는 의미에서도 무의식적 사고이다. 따라서 낮의 꿈-사고의 형성 과정에서 이미 꿈-작업의 첫 단추가 끼워졌다고 볼 수 있다. 꿈-사고 형성의 시작은 전의식이지만, 그것이 머물며 실현을 기다리는 것은 무의식의 심역이라고 볼 수 있다. 물론 그것의 실현 중에도 전의식의 검열은 유지되며 전의식은 시종일관 꿈을 (이차)가공한다.

앞서 우리가 살펴보았던 〈도표 1〉을 다시 불러내 보자.

〈도표 1〉

무의식의 심역으로 끌어내려진 꿈-사고가 수면 중에 꿈-내용으로 변형되는 과정이 바로 꿈-작업이며 압축과 이동이 그 두 수레바퀴라는 것, 이에 따라 꿈-왜곡이 이루어진다는 것도 앞서 간략하게 살펴보았다(34-35쪽). 프로이트는 그 꿈-작업에 대하여 다음과 같이 말한다.

꿈-사고는 우리에게 있는 모든 능력을 이용하여 아주 정확히 형성된다. 그것은 우리가 의식하지 못한 생각에 속하며, 의식적인 사고 역시 일종의 변환을 통해 이러한 무의식적 생각에서 생겨난다. 꿈-사고의 많은 점이 흥미롭고 수수께끼 같지만, 이러한 수수께끼는 꿈과는 특별한 관계가 없으며 꿈-문제로 다루어야 할 필요가 없는 것들이다.

이와 반대로 무의식적 사고를 꿈-내용으로 변화시키는 다른 작업 부분은 꿈생활 특유의 것이며 꿈생활을 특징짓는다. 이러한 실제적인 꿈-작업은 꿈-형성에서의 심리적 기능을 극도로 깎아내리는 사람들이 생각하는 것보다 훨씬 더 깨어 있는 생각의 본보기와는 거리가 멀다. 꿈-작업은 깨어 있는 동안의 생각보다 더 태만하거나 부정확하지도 않고, 쉽게 잊어버리거나 불완전하지도 않다. 둘은 질적으로 완전히 다른 것이며 그렇기 때문에 서로 비교할 수 없다.　　　　　　　　　　　　　—『꿈의 해석』 590쪽.

　　무의식적 소원의 에너지가 투여된 꿈-사고가 다른 무대, 즉 무의식 지대로 끌려들어 가면 이미 꿈-과정이 시작된 것이며 수면 중에 전의식의 검열이 느슨해지면 꿈-작업이 시작된다. 무의식 지대의 심리 과정이 끌어내려진 꿈-사고를 변형시키는 것, 그것이 꿈-작업이다. 그것은 '더 태만하거나 부정확하지도 않고, 쉽게 잊어버리거나 불완전하지도 않은', 그리고 깨어 있는 생각의 본보기와는 '완전히 다르기 때문에 서로 비교할 수 없는' 심리 과정이다. 전의식의 무대와는 완전히 다른 무대에서 일어나는 꿈-작업의 과정에서 우리는 소원을 〈환각적으로〉 성취한다. 물론 그것은 자주 불쾌하고, 소원의 흔적을 찾기 어려운 꿈-내용으로 도달하지만 말이다. 여기서 잊지 말아야 할 것은 수면 중에 완화되었다 하더라도 전의식의 검열은 계속 작동한다는 점이다. 수면 중인 사람의 이름을 부르면 대답하며 깨어나는 것, 곤히 잠든 아이 엄마가 아이 우는 소리에 눈이 번쩍 뜨이는 것만 봐도 수면 중에도 우리 의식은 깨어 있다는 것을 알 수 있다. 따라서 꿈-작업은 무의식의 지대에서 이루어지지만 전의식의 검열이 개입한 가운데 이루어진다. 그런 의미에서 꿈은 무의식과 전의식의 합력으로 형성되며 두 심역의 타협물이다. 전의식의 검열 속에서 무의식의 심리 과정에 의해 꿈-사고가 압축되고 번역되는 것, 이것이 꿈-작업이고 그 과정에서 소원이 실현되며, 그것의 결과물이 지극히 간결하며 왜곡되어 이해하기 어려운 꿈-내용이다. 그 무의식적 심리 과정에서 표상과 에너지가 움직이는 방식이 바로 압축·이동의 방식이며 이것은 우리가 깨어 있는 상태와는 '질적으로 완전히 다른' 방식인 것이다. 프로이트를 계속 읽어 보자.

꿈-작업은 생각이나 계산, 판단하는 것이 아니라 오로지 변형시키는 일만 한다. 꿈-작업의 산물이 충족시켜야 하는 조건들을 주목하면 꿈-작업을 충분히 묘사할 수 있다. 이러한 산물, 즉 꿈은 무엇보다도 〈검열〉에서 벗어나야 하며, 이러한 목적을 위해서 꿈-작업은 〈심리적 강도의 이동〉을 이용해 심리적 가치들을 전도시킨다. 사고들은 전적으로나 아니면 시각적·청각적으로 기억에 남아 있는 재료를 이용해 표상되어야 한다. 이러한 요구로부터 〈형상화에 대한 고려〉라는 조건이 꿈-작업에 생겨나고, 꿈-작업은 새로운 이동에 의해 이에 대응한다. 밤에 꿈-사고에서만 이용할 수 있는 것보다 더 큰 강도가 만들어져야 할 것이다. 이러한 목적을 위해 꿈-사고의 구성 성분들이 광범위하게 〈압축〉된다. 사고 재료의 논리적 관계들은 거의 고려되지 않고 결국 꿈의 〈형식적〉 특성 속에 은폐되어 표현된다.

—『꿈의 해석』591쪽.

무의식적 소원의 표상은 어떻게 전의식의 검열을 피할 수 있을까? 우리가 앞서 여러 번 본 바와 같이 자신에게 투여된 강력한 에너지를 사소한 것으로 이동시키는 방법을 통해서이다.

이 '이동' 작업이 정작 중요한 무의식적 소원 표상을 은폐시키고 사소한 인상으로 대체하여 꿈-왜곡을 일으킨다. 무의식적 소원의 표상에 부착된 강력한 에너지가 사소한 것으로 이동하면, 그 사소한 인상이 이동된 에너지에 힘입어 꿈-내용으로 등장하는 것이다. 이 사소한 표상에 전이된 에너지는 꿈-사고의 여러 사고 흐름들에 분배된다. 그때 사고 흐름들에서 교차되고 중첩되는 표상에는 에너지가 합류되어 압축되어 있을 것이다. 이렇게 만들어진 교차 표상은 꿈-내용에서 뚜렷하게 나타난다. 이것을 통해 무의식의 지대에서는 심리 에너지가 특정 표상에 구속되지 않는다는 것을 알 수 있다. 그 심리 에너지는 어떤 표상(언어기호나 이미지)에서 다른 표상으로 옮겨 다니거나(이동), 하나의 표상에 합류하여 중첩되기도 한다(압축). 심리 에너지가 부착된 표상은 그 표상이 유래하는 시각적·청각적 기억 재료로 또다시 이동하면서 형상화가 이루어져, 꿈-내용의 시각적·청각적 장면을 형성하게 된다.

그러면 꿈-사고의 소원들이나 논리적 구조, 사고들의 관계는 어떻게 될까? 그것들은 그 표현이 불가능해지면서 사라질 수밖에 없고, 최종적으로 낯선 시각적·청각적 표상들로 번역되어 꿈-내용에 이르게 된다. 그 과정에서 표상에 부착된 에너지들이 방출되면서 그 표상들은 '행동해서' 실제처럼 지각되며 소원(들)은 환각적으로 실현된다. 이렇듯 무의식 지대의 심리 과정은 각성상태의 심리 과정과는 완전히 질적으로 다르다. 이것이 프로이트가 꿈-작업을 통해 최초로 발견한 〈무의식의 심리 과정〉이며, 그는 이것을 〈전의식의 심리 과정〉에 비해 본질적으로도 시간적으로도 앞서 있다는 점에서 1차 과정이라고 부른다. 그러면 수면 중 꿈-작업에서 계속 작동하는 전의식은 어떤 역할을 하는가? 검열을 통해 꿈을 왜곡시킬 뿐만 아니라, 논리적 관계가 실종되고 낯선 표상으로 가득한 꿈-내용을 이해 가능한 것으로 만드는 역할을 하게 되는데, 그것이 이차가공이다. 이 네 가지의 꿈-작업이 마치 시간의 순서대로 이루어지는 것처럼 보이지만, 실은 동시적으로 일어난다. 압축, 이동, 형상화, 이차가공은 동시에 서로 맞물려 돌아가는 톱니바퀴들의 구조적 움직임이다.

우리가 짚어 본 무의식의 심리 과정, 즉 꿈-작업의 기제들은 압축, 이동, 형상화, 그리고 이차가공 이렇게 네 가지이다. 네 작업이 모든 꿈에서 맞물리며 공동 작업을 하지만, 프로이트는 정밀하고도 풍부한 사례를 들어 차근차근 꿈-작업의 원리를 설명한다.

2. 압축 작업

1) 압축 작업에 대하여

프로이트는 꿈의 압축 작업을 설명하기 위해 자신의 〈식물학 연구논문의 꿈〉을 비롯하여 세 개의 사례를 든다. 〈식물학 연구논문의 꿈〉의 꿈-내용은 단 세 문장인 데 비해 꿈-사고는 무려 8쪽에 달한다. 그것은 방대하고 풍부한 꿈-사고의 흐름에서 여러 번 교차하는 표상들 중에 어떤 표상들은 꿈-내용에 진출하고 나머지는 그 표상들에 포섭되어 압축되기 때문이다. 그것은 마치 갈톤Francis Galton이 가족초상화를 만들 때 여러 개의 그림을 겹쳐, 공통적 특징은 압축시켜 강하게 드러내고, 그렇지 않은 부분은 상쇄시켜 흐릿하게 하거나 생략하는 것과 같다. 따라서 꿈에 등장하는 표상은 그 자신만이 아니라 그것에 압축된 다른 것들까지 대신하게 된다. 그러면 그 표상과 그 표상에 압축된 재료들은 서로 다른 것일 수도, 심지어는 반대되는 것들일 수도 있다. 또 그 표상이 여러 사고 흐름이 교차되는 지점에서 중첩되며 결정되는 만큼, 그 의미도 압축된 재료들의 특성만큼 다의적일 수밖에 없다. 따라서 교차 표상에는 다양하고 방대한 양의 사고 흐름이 압축되어 있기 마련이며, 그 표상은 유사하거나 서로 대립된 의미까지도 함축하게 된다.

압축이 어떤 과정을 거쳐 일어나는지 〈이르마의 꿈〉에서 그 예를 찾아보자. '이르마'에게는 '이르마 친구'가 압축되어 있다. 바로 〈창가에 서 있는 모습〉의 이미지를 공통성으로 하여 압축된다. 즉 친구의 '창가에 서 있는 모습'이 이르마에게 이동하여, 이르마가 〈창가에 서 있는 모습〉에 중첩된다. 이때 이르마 친구 역시 이르마처럼 〈목이 조이는 고통〉을 겪고 있어, 그 공통성도 이르마에게 이동하면서 이르마의 〈목이 조이는 고통〉에 중첩·압축된다. 이것은 프로이트가 꿈-사고에서 이르마 대신 그녀의 친구가 자신의 환자였으면 하고 바라기 때문이며, 이 압축 작업으로 그는 이르마를 그녀의 친구로 교체하는 소원을 성취한다. 이 외에도 여러 꿈-사고에서 이르마의 친구는 어떤 공통적 형상을 매개로 이르마와 교차한다. 따라서 그 교차점인 〈이르마〉에는 이르마 자신만이 아니라 그녀의 친구와 관련된 여러 사고들이 압축된다.

압축 작업은 합성인물도 만든다. 의사 M이 프로이트 친형의 특징인 〈턱수염을 밀고 다리를 절룩거리는 모습〉으로 나타난 게 그것이다. 〈프로이트를 기분 나쁘게 한〉 공통점으로 두인물을 하나로 합성한 것이다. 그럼으로써 둘을 비난하고 싶은소원이 한꺼번에 성취된다.

하나 더 생각해 보자. 여기서 압축되는 것은 무엇일까? 이르마 친구의 〈창가에 서 있는 모습〉이 이르마의 〈창가에 서 있는모습〉으로 이동하여 딱 얹히면서 중첩된다. 이때 압축되는 것은 〈창가에 서 있는 모습〉의 시각적 형상, 즉 이미지이다. 〈목이 조이는 고통〉이 이르마에게 압축될 때도, 친구의 〈목이 조이는 고통〉이 이르마의 〈목이 조이는 고통〉에 형상화되어 딱얹히며 중첩된다. 압축되는 공통적인 것들은 〈시각적 형상〉,즉 대부분 이미지들이다. 그 공통적 특성들은 시각적으로 〈형상화〉되면서 이르마의 형상으로 이동하여 압축되는 것이다.이 경우 이동과 압축의 수단이 되는 것은 시각적 형상, 즉 이미지이다.

의사 M과 형의 합성인물 역시 형의 〈턱수염을 밀고 다리를 절룩거리는〉 시각적 형상이 의사 M에게 이동, 그에게 얹히면서 압축되어 〈합성〉된 것이다. 형상화가 이동과 압축의 수단으로서 동시적으로 꿈-작업에 참여하는 방식이다. 압축되는 것의 공통적 형상은 압축하는 것의 공통적 형상으로 이동하여 중첩·압축되는 것이다. 하지만 형상화가 압축과 이동의 수단으로만 꿈에 참여하는 것은 아니다. 이를테면 꿈-작업이 어떤 추상적 개념이나 숫자를 표현해야 한다면 어떻게 할까? 아마 숫자를 표현하는 손가락 다섯 개 등의 시각적 이미지를 통해서일 테다. 추상적 개념이 그 이미지로 이동하는, 또 다른 이동 작업이자 형상화 작업이다.

우리가 살펴볼 압축 작업의 수단이 앞서 본 이미지만은 아니다. 곧 살펴보겠지만 낱말들에서 공통된 철자나 발음을 매개로 두 낱말이 압축되면서 새로운 낱말을 만들어 내는 경우도 많다. 이때 압축의 수단이 되는 것은 공통된 발음이거나 철자, 즉 언어기호이다. 따라서 압축의 수단은 꿈-요소들의 이미지이거나 언어기호이다. 프로이트의 용어로 바꾸면 〈표상〉이다. 이렇듯 이동·압축·형상화의 동시적인 작업이 이루어지면서 소원이 성취된다.

이제 우리는 압축·이동·형상화의 동시적 공동 작업의 예로서 〈풍뎅이 꿈〉의 분석을 앞두고 있다. 〈풍뎅이 꿈〉에서도 〈풍뎅이〉 표상은 잔인성과 사랑의 사고 흐름을 가로지르고, 여러 번 교차하면서 중층 결정되며 두 사고의 재료들을 대표한다. 어떻게 〈풍뎅이〉가 그와 전혀 관계가 없어 보이는 잔인성과 사랑을 대신하는 표상일 수 있단 말인가? 그 잔인성과 사랑은 어떤 이미지로 형상화되어 〈풍뎅이〉 표상에 압축된다. 여기서 이동과 압축, 형상화의 동시적 공동 작업을 살펴보자.

2) 〈풍뎅이 꿈〉을 통해 본
압축·이동·형상화 작업과 소원성취

〈풍뎅이 꿈〉도 꿈-내용은 4문장 6행에 불과하지만, 꿈-사고는 3쪽이다. 압축 작용의 결과이다. 이 꿈은 프로이트에게 분석 치료를 받는 중년여성의 꿈이다. 프로이트는 이 꿈을 해석의 끝까지 소개할 수는 없다면서 꿈-내용 중 〈풍뎅이〉와 관련된 분석 내용만 기술한다. 꿈-재료들이 명백한 관계를 보여 주지 않는 것은 그 때문이다. 그 한계를 전제하고 살펴본다.

■ 꿈-내용: ⟨그녀는 상자 속에 쌍무늬 풍뎅이 두 마리가 들어 있으며, 그대로 두면 숨 막혀 죽기 때문에 풀어 줘야겠다고 생각한다. 상자를 열어 보니 풍뎅이들이 축 늘어져 있다. 한 마리는 열린 창문을 통해 밖으로 날아가지만, 나머지 한 마리는 그녀가 창문을 닫고 있는 동안 문틈에 끼어 죽는다. 누군가 창문을 닫으라고 그녀에게 요구한 것 같다(혐오감의 표현).

■ 꿈-분석: 그녀의 남편은 여행 중이고, 그녀는 열네 살 딸과 함께 잔다. 낮의 잔재로 볼 수 있는 재료로 두 가지가 있다. ① 하나는 딸아이가 컵 속에 나방이 빠져 있다고 말하지만, 꺼내 주는 것을 잊어버린 것, 그날 저녁에 읽은 책에서 끓는 물속에 집어 넣은 고양이가 경련하는 장면을 묘사한 부분을 읽은 것이다. ⟨동물에 대한 잔인함⟩이라는 주제가 그녀의 관심을 빼앗는다. 이 중 사소한 재료 ⟨나방이⟩는 꿈-사고에서 딸아이가 채집한 곤충이라는 공통성을 매개로 ⟨풍뎅이⟩로 대체된다. ② 다른 하나는 밤늦게 묵은 편지들을 꺼내 읽은 일이다. 그중에는 처녀 시절 그녀를 따라다니던 피아노 교사와 그녀를 연모하던 귀족의 편지도 있었다. 이것이 실제로 꿈-자극 요인으로서 소

원들을 일깨운 것이지만 꿈-내용에는 드러나지 않고 은폐되어 있다. 이 일깨워진 전의식적 소원들은 절대로 홀로 꿈을 형성하지 못한다. 무의식적 소원의 지원을 받아야 꿈-사고를 형성할 수 있다. 이 소원(들)의 표상들이 성취되기 위해서는 전의식으로 진출해야 하지만, 검열을 통과할 수 없다. 소원(들)의 강도 높은 에너지는 사소한 낮의 잔재인 풍뎅이로 이동하고, 그 소원 표상은 〈풍뎅이〉로 왜곡되어 전의식의 검열을 통과한다. 〈풍뎅이〉는 전의식이 받아들일 만한 표상인 것이다. 소원 에너지가 이동된 〈풍뎅이〉 표상은 여러 사고 흐름에 교차되면서 중첩된다. 풍뎅이 표상은 사고 흐름들을 이미지나 언어기호를 매개로 자신에 압축하며 각 사고 흐름의 에너지 역시 풍뎅이 표상에 집결된다. 이동·압축·형상화의 동시 작업이다.

그러나 표면적으로 봐서는 ①과 ②는 아무런 관련도 없는 것처럼 보인다. 꿈-사고를 들여다보면 분명 〈풍뎅이〉 표상을 교차하는 여러 사고 흐름들이 이 둘을 연결하고 있을 것이다. 꿈-사고로 들어가 보자. 꿈의 동기(②)는 다음과 같다.

그녀는 결혼식을 올린 후 3일 만에 부모님께 행복하다는 편지를 썼지만 사실은 전혀 행복하지 않았다고 고백한다. 분석 중에는 남편의 노쇠를 한탄한다. 그 노쇠한 남편은 여행 중이고, 그사이 결혼 전 자신을 연모하던 남자들의 귀족의 편지를 읽는다. 이것이 꿈-자극 요인이다. 그러면 그녀가 잠들기 전 만들어진 꿈-사고는 어떤 것이었으며, 어떤 전의식적 소원들을 일깨웠을까? 그것은 분석 중에 드러난다. 그녀는 남편과의 결혼생활, 특히 성생활에 대한 소원(들), 구체적으로는 노쇠해 가는 남편의 성 에너지가 왕성해지기를 소원한다. 이 소원들에 전이된 무의식적 소원의 에너지가 〈풍뎅이〉 표상에 이동되면서, 풍뎅이 표상과 성적 소원들의 표상을 연결하는 꿈-사고 흐름들이 그물망처럼 펼쳐진다.

그녀는 몇 년 전 딸이 나비 채집 중에 한 〈잔인한 행동〉을 회상한다. 핀에 꽂힌 채 나방이 날아다니게 했고 나비를 죽이기 위해 비소를 요구했으며 툭하면 〈풍뎅이〉와 나비의 날개를 찢곤 했다. 〈나비〉, 〈나방이〉는 〈찢긴 날개〉의 이미지를 공통성으로 하여 〈풍뎅이〉로 이동하며 압축된다. 이어 〈쌍무늬 풍뎅이를 잔인하게 짓이겨 죽이고〉, 〈쌍무늬 풍뎅이의 날개를 찢은 다음 몸통을 먹는〉 이미지들이 그 공통성 〈쌍무늬 풍뎅이〉 형상에 압축된다. 그것들은 추상적 개념 〈잔인한 행동〉의 형상화이기도 하다. 〈나비〉, 〈나방이〉가 〈풍뎅이〉 이미지로 이동하면서 동시에 형상화된 잔인한 행동들이 압축되는 것이다. 〈풍뎅이〉 표상에 전혀 다른 의미인 〈잔인성〉이 함축되는 순간이다. 〈풍뎅이〉 꿈이 그녀만의 꿈인 이유이다. 만약 다른 사람이 풍뎅이 꿈을 꿨다면 풍뎅이 표상에 압축된 의미는 전혀 다를 것이다. 꿈에 나타나는 인물은 모두 꿈꾸는 사람이다. 일종의 변신이다. 딸은 그녀 대신 풍뎅이를 짓이겨 죽이고 날개를 찢는 것이다.

〈Maikäfer(쌍무늬 풍뎅이)〉는 그 철자와 발음을 공통성으로 두운을 맞추듯 〈Mai(5월)〉로 이동한다. 〈5월Mai〉은 언어기호로 〈쌍무늬 풍뎅이Maikäfer〉에 압축된다. 5월은 그녀가 태어난 달이자 결혼한 달이다. 따라서 〈쌍무늬 풍뎅이〉에는 〈5월〉을 매개로 그녀의 결혼생활과 관련된 어떤 요소가 함축된다. 5월이 압축됨으로써 〈쌍무늬 풍뎅이〉에는 또 전혀 다른 의미가 생겨난 것이다. 교차 표상으로서 〈쌍무늬 풍뎅이〉는 이렇듯 다의적이 되어 간다. 그녀는 결혼식을 올린 뒤 3일 만에 그녀는 자신의 결혼생활이 행복하지 못하다는 것을 느낀다. 〈5월〉 표상은 행복한 결혼생활(성생활)에 대한 전의식적 소원과 〈쌍무늬 풍뎅이〉 표상의 연결 다리이다.

앞서 딸아이가 요구한 〈비소〉는 알퐁스 도데Alphonse Daudet의 『태수Le Nabab』에서 등장한 모라공작에게 젊음을 되돌려 준 〈비소 환약〉으로 이동한다. 이때 〈비소Arsen〉는 〈비소 환약Arznei-kügelchen〉과 공통된 발음으로 언어기호이다. 〈비소〉는 두운으로서 〈비소〉에 맞춰 〈비소 환약〉으로 이동한다. 그 〈비소 환약〉은 〈풍뎅이를 으깨어〉 만든다는 것, 그것은 젊음을 회복시켜 준다는 것을 그녀는 알고 있다. 〈비소 환약〉은 〈쌍무늬 풍뎅이〉를 으깨는 파괴적인 이미지를 공통성으로 〈쌍무늬 풍뎅이〉에 중첩된다. 〈비소〉는 죽음의 범주를 나타내는 언어기호이지만, 〈환약〉과 결합함으로써 젊음을 회복시키는 삶, 에로스를 나타낸다. 두 대립된 사고 ―잔인한 죽음과 성적 사랑― 가 하나의 표상 〈쌍무늬 풍뎅이〉에 교차되면서 압축되어 있다. 잔인한 죽음이라는 추상성은 〈비소〉와 〈쌍무늬 풍뎅이를 으깨는〉 이미지로 형상화되어 압축되고, 성적 사랑은 〈젊음을 되돌려주는 환약〉의 이미지로 압축되어 있다. 이 꿈-사고는 그녀가 남편이 노쇠로부터 회복해서 행복한 성적 결혼생활을 했으면 하는 소원을 표현한다. 이 소원은 현실에서 '목매달아요!'라는 말실수로도 나타난다. 〈비소 환약〉은 〈풍뎅이를 으깨는〉을 매개로 전의식적 소원을 은폐하는 사소한 〈풍뎅이〉 형상으로 이동하는 다리 역할을 한다. 〈쌍무늬 풍뎅이〉라는 교차 표상은 성적 사랑과 파괴적인 잔인성, 죽음까지 함축되면서 풍부한 다의성을 갖게 된다.

이어 그녀의 연상은 하인리히 폰 클라이스트Heinrich Wilhelm von Kleist가 쓴 「하일브론의 케트헨Käthchen von Heilbronn」에 등장하는 주인공 케트헨Käthchen의 말 "그대는 〈풍뎅이처럼〉 나를 사랑하는군요"로 이동한다. 〈풍뎅이처럼〉은 독일어로 〈미친 듯이〉라는 뜻이다. 이번에는 〈풍뎅이〉 표상에 격렬한 사랑의 이미지 〈미친 듯한 사랑〉이 압축된다. 이어 역시 작가 하인리히를 공통성으로, 「펜테질레아Penthesilea」의 여주인공이 사랑하는 남자에게 행한 잔인한 행동(개들에 물어뜯겨 죽게 함)으로 이동한다. 미친 듯한 사랑과 더불어 엄청난 잔인성이 〈개에게 물어뜯겨 죽는〉 형상으로서 〈풍뎅이〉에 함께 압축된다. 앞서 비소 환약에 압축된 잔인성과 성적 사랑을 잇는 대립된 이미지들의 연속이다. 그사이에 이미지는 「탄호이저Tannhäuser」의 구절 "내가 〈사악한 쾌감〉에 사로잡혀 있기 때문에…"라는 구절로 이동한다. 마치 사악한 쾌감이 잔인성과 성적 사랑의 결과물인 것처럼 말이다. 여기서 〈사악한 쾌감〉으로의 이동은 구체적 형상이 나와 있지 않지만, 언어기호가 아니라 이미지로서 압축되어 있다고 봐야 한다. [풍뎅이처럼 미친 듯이 → 사랑하는 남자를 개에게 물어뜯겨 죽게 해 → 사악한 쾌감]의 사고 흐름은 각각 이미지로 이동하고 이미지들은 〈풍뎅이〉 표상에서 교차된다. 비소 환약의 파괴적인 죽음이미지와 성적 사랑의 대립된 이미지가 연이어 〈풍뎅이〉 표상으로 집결되고 있다. 이런 사고 흐름은 〈남편이 모라 공작처럼 비소 환약으로 젊음을 회복해서 그로부터 미친 듯한 사랑을 받고, 잔인한 사랑을 실현하며, 사악한 쾌감에 사로잡히고〉 싶어 하기 때문에 형성된다.

앞서 본 바와 같이 강렬한 잔인함과 사랑에 대한 대립적 사고 흐름들이 〈쌍무늬 풍뎅이〉 표상에서 교차된다. 파괴적인 잔인성과 성적 사랑은 사고 흐름에 따라 여러 이미지로서 〈쌍무늬 풍뎅이〉 표상에 중첩되어 있다. 죽음과 사랑은 하나라는 듯이 말이다. 여러 대립된 사고 흐름에 실린 이미지와 더불어 그 이미지가 속한 사고 흐름의 에너지가 〈쌍무늬 풍뎅이〉 표상에 집결된다. 이때 이에 집결된 에너지가 방출되며 풍뎅이 표상이 지각되고, 동시에 그에 포섭되어 압축된 소원들이 환각적으로 성취된다.

쌍무늬 풍뎅이Maikäfer에 이동·압축된 꿈–사고들을 도해하면 다음과 같을 것이다.

쌍무늬 풍뎅이Maikäfer

⇑

	파괴적 잔인성-죽음	사랑
딸/어린 이들의 잔인한 행동	나비-나방-**풍뎅이**의 날개를 찢어 나비를 죽이려고 비소를 요구 **풍뎅이**를 짓이겨 죽여 **풍뎅이**의 날개를 찢고 몸통을 먹어	딸/금지된, 독약 같은 모파상의 책들을 읽어

반복적 변주, 이동   압축   5월Mai

행복하지 못한 결혼생활

비소 환약

비소	환약
풍뎅이를 으깨어 사랑하는 남자를 개에게 물어뜯겨 죽게 해	젊음을 되찾게 해 줘 **풍뎅이** 같은(미친 듯한) 사랑 사악한 쾌감

꿈-사고에서 대립적 요소의 결합이 다시 나타난다. 그녀는 딸아이가 이전에는 잔인한 짓을 했지만 아주 온순한 아이가 되었다고 한다. 그러나 딸아이는 금지된, 독약 같은 모파상Guy de Maupassant의 책들을 읽는다. 그녀가 그랬듯이. 딸의 온순함과 대비되는 것은 잔인성과 더불어 금지된 것을 읽는 행동이다. 역시 자신의 모습이다. 그녀는 잔인성과 성적 사랑을 동시에 소원하는 자신의 모순을 깨닫기라도 한 듯이 딸이 보여 주는 모순에 관심을 쏟는다.

이때 프로이트는 조지 엘리엇George Eliot의 『애담 비드*Adam Bede*』에서 묘사되는 〈외모〉와 〈심성〉의 모순을 떠올리면서 이렇게 덧붙인다. '아름답지만 어리석은 아가씨, 못생겼지만 고매한 마음의 아가씨, 어리석은 아가씨를 유혹하는 귀족, 스스로 귀족이라 느끼고 귀족처럼 행동하는 노동자, 사람들의 겉만 보고는 알 수 없는 법이다.' 그리고 결정적인 멘트를 날린다. '누가 그녀의 외모를 보고 감각적인 욕망에 시달린다는 것을 알겠는가?' 그녀의 뒤를 이어 프로이트는 이 대립적 요소들을 손바닥을 위아래로 뒤집듯 운율을 맞추면서 이동한다. 프로이트는 꿈을 해석하면서 이처럼 문학 텍스트를 자주 떠올리곤 한다. 여기서는 대립적인 것이 쌍으로 묶여 공존하는 인간 사고의 보편성을 우리에게 재치 있게 알려 주고 있다. 딸(그녀 자신)이 보여주는 모순과 이것을 이어 가는 프로이트의 대립적 사고를 묶어 보면 다음과 같다.

온순한	잔인한 금지된 것을 읽는
아름답지만	어리석은
못생겼지만	고매한
어리석은 아가씨를 유혹하는 귀족	귀족같이 행동하는 노동자
겉만 보고는	속을 알 수 없는 법
(그녀의) 외모	(그녀의) 감각적 욕망

물론 이 사고 흐름은 풍뎅이 표상에 압축된 잔인성–성적 사랑과 마찬가지로 대립적 구조로 되어 있다. 우리 사고가 이렇듯 대립적이며 모순적 구조를 갖게 되는 것은, 우리가 대립적인 생각을 하기 때문일까? 우리 사고 흐름이 서로 대립적인 쌍으로 묶여 있다는 사실은, 거꾸로 언어구조가 우리의 사고를 주조하는 건 아닐까 하는 추론으로 우리를 이끈다.

〈쌍무늬 풍뎅이〉에 압축된 대립된 두 흐름, 성적 사랑과 잔인성은 꿈꾼 부인의 뜻밖의 〈말실수〉에서도 여실히 드러난다. 꿈꾸기 며칠 전에 이 부인은 돌연 남편에게 〈목매달아요!〉라고 명령하고는 깜짝 놀랐다고 말한다. 〈풍뎅이 꿈〉이 감추고 있는 소원이 놀라운 표현으로 전의식의 검열을 뚫고 튀어나온 것이다. 목을 매달 때 성기가 아주 강하게 발기한다는 글을, 말하기 몇 시간 전에 읽은 것으로 밝혀진다. 〈목매달아요!〉는 〈무슨 일이 있어도 발기해요!〉를 은폐하고 있으며, 잔인성과 성적 사랑이 결합된 직설적 표현이다. 풍뎅이에 은폐되어 있는, 풍뎅이를 으깨어 만든 비소 환약과 직결되지 않는가? 〈목매달린 남편의 형상〉이 〈으깨어진 풍뎅이 이미지〉로 이동하면서 압축된 건 아닐까? 그녀는 튀어나온 말실수로 억압된 소원을 실현하고, 이어 〈풍뎅이 꿈〉을 통해 또다시 왜곡된 형태로 소원을 성취한 셈이다. 외현적 꿈-내용 어디에 그녀의 성적 소원이 엿보이는가? 그녀의 외모 어디에 감각적 욕망이 드러나는가? 그것을 꿈-사고로 번역했을 때 비로소 〈꿈은 소원성취〉임을 알게 된다. 이 해석을 접한 순간 그녀는 몹시 경악했다는 말을 프로이트는 덧붙이고 있다.

3) 기묘한 낱말을 합성하는 꿈, ⟨norekdal 꿈⟩

압축 작업이 어떤 것인지 가장 명백하게 드러나는 것은 꿈이 낱말을 선택하는 경우이다. 이 경우는 재치가 넘치고 창조적인 것처럼 보이지만, 꿈-작업은 '변형'시키는 일만 할 뿐이다. 꿈-작업 과정에서 낱말들은 깨어 있는 상태에서 우리가 알고 있는 제한된 의미를 갖고 있지 않다. 무의식의 무대에서는 의미와 전혀 관련 없는 그것은 하나의 언어기호(상형문자)일 뿐이다. 우리는 곧 이 낱말들의 공통적인 발음이나 철자를 수단으로 '압축'되면서 기묘한 낱말들이 탄생하는 걸 보게 될 것이다. 이미지가 아니라 언어기호를 매개로 하는 압축 작업이다. 놀라운 것은 이미지의 압축이 그렇듯이 이 신조어들이 탄생하는 압축 과정이 곧 소원성취라는 점이다. 그것은 합성된 낱말들을 실마리로 연상을 하면서 구성되는 꿈-사고에서 여실히 드러난다. 프로이트의 ⟨norekdal 꿈⟩을 예로 든다.

한 동료가 자신이 저술한 논문을 프로이트에게 보낸다. 프로이트는 그 논문이 근대 생리학적 발견을 과대평가하고 있으며 표현이 과장되어 있다고 생각한다. 그날 밤 그는 ⟨이것은 정말 노렉달norekdal한 문체이다⟩라는 기묘한 낱말로 된 꿈을 꾼다. 낮의 잔재인 그 논문을 읽은 체험이 일깨운 소원은 그 논문의 과장된 표현에 대한 비꼼과 비난이다. 이 소원이 어떻게 성취되었을까? norekdal을 사전에서 찾아본들 헛일이다. 프로이트는 이 단어가 극단적 칭찬의 표현 〈엄청난kolossal, 굉장한pyramidal〉을 비꼬아 본뜬 낱말이라는 걸 알아채지만, 그 낱말의 유래를 쉽게 찾지 못한다. 마침내 프로이트는 그 동료가 입센Henrik Ibsen에 관해 쓴 글을 읽은 기억을 떠올린다. 동료가 저술한 예의 논문은 입센에 대한 그의 글로 이동하고, 그것은 다시 입센의 「인형의 집Et dukkehjem」과 「야생 오리Vildanden」로, 마지막으로 그 두 희곡의 주인공인 〈노라Nora〉와 〈에크달Ekdal〉에 가닿으면서 이 두 이름이 꿈-요소로 선택된 것이다. 그 두 꿈-요소 〈노라Nora〉와 〈에크달Ekdal〉이 결합되면서 〈norekdal〉이 형성되고, 여기에 비꼬는 듯한 의미의 〈kolossal, pyramidal〉이 합성되면서 신조어 〈norekdal〉이 완성된다. 여기서 합성의 매개가 되는 것은 [al]의 공통적인 발음이거나 철자 al임을 알 수 있다. 이 과정을 도해하면 다음과 같다(134쪽).

〈norekdal〉이 검열을 통과하여 꿈-표상으로 나타난 순간, 프로이트는 그 과대평가되고 과장된 표현의 논문을 비난하고 싶

```
            N o r (a) E k d a l
            (p y r a m I d) a l
              (k o l o s s) a l
            N o r E k d a l
```

은 소원을 환각적으로 성취한다. 비꼬는 의미의 pyramidal과
kolossal이 〈norekdal〉의 [al]로 고개를 쏘옥 들고 말이다. 기묘한
낱말이 만들어지는 압축 작업도 소원성취와 직결되어 있음을
알 수 있다.

3. 이동 작업

1) 꿈-작업의 두 공장장, 이동과 압축

독일어로 Verschiebung, 프랑스어로 déplacement, 영어로 dis-
placement를 번역본 『꿈의 해석』에서는 전위轉位라고 번역하고
있다. '위치를 바꾸다'라는 의미일 텐데, 한자로 쓰지 않아도 이
해가 쉬운 일상어로 번역하는 것이 바람직하다는 생각에서 '이
동'이라는 말을 쓰고 있다. 우리는 1장에서 이미 '이동'을 여러

차례 언급했다. 이동, 도대체 무엇이 어디에서 어디로 이동한단 말일까? '이동'이란 어떤 표상의 악센트, 흥미, 강도가 그 표상과 분리되어 본래 강하지 않은 다른 표상 —연상 사슬로 전자와 연결되어 있는— 으로 옮겨 가는 것을 말한다. 아, 우리는 무의식적 표상에 부착된 강도, 즉 에너지가 사소한 것으로 옮겨 가는 것을 이미 이동이라고 칭했다. 앞서 '꿈의 요소 중 낮의 잔재가 왜 꿈의 필수적 요소인가?'를 살펴보면서 무의식적 소원은 자신의 에너지를 사소한 낮의 잔재로 이동시켜 모습을 드러내지 않음으로써 검열을 통과하고 소원성취의 여정을 시작한다는 것을 보았다.

프로이트는 이동 작업을 설명하기 위해서 자신의 〈식물학 연구논문의 꿈〉을 꺼내 든다. 단 세 문장의 꿈-내용에서 중심은 분명 〈식물학〉이지만, 전혀 관심을 가져 본 적이 없는 분야라는 것이다. 정작 이와 관련된 꿈-사고는 자신이 취미를 위해 너무 많은 대가를 치른다는 동료들의 비난이었다. 이 꿈-사고의 핵심 표상은 꿈-내용에 아예 나타나지도 않고 있다. 거의 모든 꿈이 이와 같다. 여기서 우리는 꿈-사고의 중요한 표상의 강도가 사소하고 무가치한 것으로 이동되어 그 사소한 것이 꿈-내용으로 진출한다는 것을 알 수 있다.

앞서 〈풍뎅이〉가 꿈-내용에 등장할 자격을 얻은 것은 꿈-사고의 여러 사고 흐름이 〈풍뎅이〉에서 교차되면서 각 사고 사슬의 에너지가 〈풍뎅이〉 표상에 집결되었기 때문이라는 것을 살펴보았다. 이 꿈-표상 〈풍뎅이〉는 표면적으로는 사소하고 가치가 없는 표상이다. 〈풍뎅이〉 표상이 무가치하다는 것은 이것이 꿈-사고의 핵심인 소원과 관계없이 등장한 꿈-내용의 한 요소일 뿐이라는 의미이다. 여기서 우리는 앞의 두 꿈의 꿈-표상(풍뎅이, 식물학)처럼 꿈-사고가 이에 여러 번 교차되면 꿈-내용에 진출한다는 생각을 하기 쉽다. 옳은 생각일까? "꿈은 (꿈-사고에서) 강렬하게 강조되는 동시에 다면적으로 중첩되는 요소는 꿈-내용으로 거절한다. 하지만, 다면적으로 지지만 받는 요소들을 받아들일 수는 있다." 양쪽 다 중층 결정이 가능할 텐데 전자는 꿈-내용에 등장하지 못하고, 후자는 받아들여진다. 꿈-요소를 선택하는 것은 중층 결정, 즉 압축 이외에 또 다른 힘이 있기 때문이다. 즉 전자는 중첩되는 요소인데도 그 에너지를 박탈당하는 힘이 작용해서 꿈-내용으로 등장하지 못하며, 후자는 가치가 적은 성분임에도 〈중층 결정을 통해〉 꿈-내용에 이를 수 있다는 것이다. 강렬한 꿈-사고, 즉 무의식적 소원의 표상은 다면적으로 중첩되어도 꿈-내용에 등장할 수 없다는 의미이다. 왜 그럴까? 강도強度를 박탈당하기 때문이라는데, 이에 대하여 프로이트는 다음과 같이 말한다.

꿈-작업에서 심리적 힘이 표출된다는 생각이 쉽게 떠오를 수 있다. 이 힘은 심리적 가치가 높은 성분들의 강도를 박탈하는 한편, 〈중층 결정을 통해〉 가치가 적은 성분들에게 꿈-내용에 이를 수 있는 새로운 가치를 만들어 준다. 사실이 그렇다면 꿈-형성에서 각 요소들의 〈심리적 강도의 전이와 이동〉이 일어난 것이며, 그 결과는 꿈-내용 텍스트와 꿈-사고 텍스트의 차이로 나타난다. 우리가 가정하는 이러한 과정이야말로 꿈-작업의 본질적인 부분이며, 이 과정에는 〈꿈-이동〉이라는 이름이 합당하다. 〈꿈-이동〉과 〈꿈-압축〉은 꿈-형성을 담당하는 두 명의 공장장이라고 볼 수 있다.
— 『꿈의 해석』 369쪽.

꿈-사고에서 심리적 강도가 높은 성분, 즉 활성화된 무의식적 소원의 표상으로부터 강렬한 에너지를 박탈하여 〈사소한 요소〉로 이동시킨다. 그러면 그 〈사소한 요소〉가 〈중층 결정-압축〉을 통해 꿈-내용으로 진출한다는 것이다. 따라서 무의식적 소원 표상은 꿈-내용으로 등장하지 못하며, 그 강도가 이동된 〈사소한 요소〉가 꿈-내용으로 등장한다. 그 〈사소한 요소〉가 중층 결정을 통해 꿈에 등장하는 것은 〈압축 작용〉의 결과이다. 이처럼 이동과 압축은 꿈-형성의 두 공장장이다.

왜 이런 일이 일어나는가? 무의식적 소원의 표상이 실현되기 위해서는 무엇보다 먼저 검열을 통과해야 한다. 어떻게? 꿈-작업이 무의식적 소원 표상으로부터 박탈한 에너지를 사소한 표상으로 이동시킴으로써 무의식적 소원의 표상은 사소한 표상으로 변형되어 검열을 통과한다. 그 박탈된 에너지가 사소한 표상으로 이동되면, 그 사소한 표상은 여러 꿈-사고의 줄기에서 교차되어 그 표상의 에너지가 압축되면서 꿈-내용에 등장하게 되는 것이다. 무의식적 소원의 표상과 사소한 표상 사이에서 이동·압축의 수단이 되는 것은 대부분 공통적 또는 유사한 형상이다. 앞서 본 바와 같이 형상화가 압축과 이동에 참여하고 있는 것이다. 이동과 압축, 형상화의 공동 작업은 꿈-내용이 결정되는 방식이며 양상이다.

〈식물학 연구논문의 꿈〉의 경우, 무의식적 소원 표상의 강도가 박탈되어 〈식물학〉이라는 무가치한 표상으로 이동되었고, 그 에너지로 〈식물학〉 표상이 〈중층 결정〉되어 꿈-내용으로 진출할 수 있었던 것이다. 따라서 꿈-내용만 보면 〈꿈이 소원성취〉라는 흔적도 찾기 어려울 정도로 위장 왜곡되어 있다. 꿈이 심하게 왜곡되는 것은 검열에 통과하기 위해 소원 표상의 강도가 사소한 것으로 이동되어 그 사소한 것이 꿈-내용에 등장했기 때문이다. "심리적 강도의 전이와 이동의 결과는 꿈-내용 텍스트와 꿈-사고 텍스트의 차이로 나타난다." 여기서 이동·압축, 즉 중층 결정의 요인들이 꿈-형성에서 어떤 방식으로 서로 뒤섞여 작용하는지, 그중 무엇이 상위 요인이고 무엇이 부차적 요인인가 하는 의문이 자연스럽게 생겨난다. 위 인용문에 따르면 심리적 강도의 전이와 이동이 꿈-작업의 본질적인 부분이다.

2) 〈식물학 연구논문의 꿈〉으로 보는
   이동·압축·형상화와 소원성취

이제 꿈의 이동 작업에 대한 예시로 〈식물학 연구논문의 꿈〉

을 상세히 살펴볼 차례이다. 프로이트는 이 꿈을 압축 작업의 예로 들었지만 이동 작업의 사례로도 충분하다. 욕구충족 꿈이 아니라면 거의 모든 꿈은 이동·압축의 사례가 될 수 있다. 물론 그 이동·압축의 매개로서 형상화가 동시적으로 참여한다. 이 꿈-내용은 아래의 단 세 문장이지만 꿈-사고는 무려 8쪽 분량이다.

〈나는 어떤 식물에 관해 연구논문을 집필했다. 그 책이 내 앞에 놓여 있고, 나는 원색 삽화를 뒤적거린다. 식물 표본집과 유사하게 말린 식물 표본이 그림마다 부착되어 있다.〉

(1) 두 개의 낮의 잔재와 이동 작업

프로이트는 꿈의 구성 요소에 따라 각각 자유연상을 한다. 두 개의 낮의 잔재가 보인다. 꿈꾼 날 오전의 체험(ⓐ)과 저녁때의 체험(ⓑ)이 그것이다. 낮의 잔재는 꿈을 자극하며 전의식적 소원들을 일깨운다.

ⓐ 꿈꾼 날 오전 프로이트는 서점에서 『시클라멘 속』이라는

〈연구논문〉처럼 보이는 신간서적을 본다. 〈시클라멘Cyclamen〉은 그의 아내가 좋아하는 〈꽃〉이지만, 자주 사다 주지 못해 자책감을 느낀다. 이어 생일날 남편으로부터 〈꽃〉을 받지 못해 눈물을 터뜨린 L 부인으로 이동한다. 시클라멘, 꽃 등의 표상은 〈식물〉로, 이어 중심 표상인 〈코카나무〉로 이동한다.

그는 언젠가 실제로 〈코카나무coca〉에 관한 짧은 〈연구논문〉을 썼다. 그의 동료 콜러가 〈코카인cocain〉의 마취 특성 발견자로 등재되었지만, 프로이트가 그 짧은 〈연구논문〉에서 이미 그것을 발견했던 것이다. 그에 대한 자부심이 엿보이는 꿈-사고들이 이어진다. 자신이 녹내장에 걸리면 모르는 의사에게 수술을 받을 것이며, 그 의사는 〈코카인〉 도입 이후 수술이 용이해졌다고 말할 것이라고 상상한다. 이어 아버지가 실제로 녹내장에 걸렸을 때 친구 쾨니히슈타인과 콜러 등 〈코카인〉 도입에 참여한 세 사람이 수술에 참여했다는 기억을 떠올린다. 꿈꾸기 전에 〈코카인〉 이야기를 한 때가, 콜러가 〈코카인〉의 마취 특성을 발견했다는 업적이 등재되어 있는 기념 논문집을 받았을 때였다는 것도 떠올린다.

ⓑ 여기서 문득 꿈이, 꿈꾼 날 저녁의 체험과 관계있다는 생각이 떠오른다. 그가 쾨니히슈타인 박사를 바래다주면서 〈화제에 오를 때마다 자신도 모르게 흥분하는 어떤 일〉에 대한 이야기가 나왔던 것이다. 그러나 이야기를 마저 하지 못하고 미진하게 끝난 것은 〈게르트너Gärtner〉 교수와 젊은 부인이 다가왔기 때문이었다. 프로이트는 그 부인에게 〈꽃핀 듯〉 보인다며 축하한다. 〈게르트너〉 교수는 앞서 말한 기념 논문집에 논문을 기고한 사람으로, 논문집을 상기시켰을 수도 있으며, 정원사를 의미하는 그의 이름 〈게르트너〉도 식물과 관련이 있다.

여기서 그의 꿈-형성을 자극한 것은 무엇이었을까? 꿈꾼 날 저녁의 체험 ⓑ에 그것이 드러나 있다. 바로 쾨니히슈타인과의 대화이다. 화제에 오르기만 하면 프로이트는 자신도 모르게 흥분하는 어떤 일이 있다. 그것은 프로이트의 논문 위주의 학업 방식, 식물학과 같은 분야들을 등한시하는 태도, 서적 수집과 소장에 대한 강한 애착 등을 향한 주변 사람들의 반복되는 비난이다. 꿈꾼 날 저녁에도 쾨니히슈타인과의 대화에 그 비난이 올라왔지만, 프로이트는 이에 대하여 항변을 마저 하지 못하고 미진하게 대화를 마친다. 게르트너 교수 부부가 다가왔기 때문이었다. 이 미진함이 꿈을 자극하여 소원들을 일깨우며 꿈-사고가 형성된 것이다.

따라서 꿈-사고의 여러 흐름들은 대화에서 미진한 부분들이 되살아나면서 구성된다. 그것의 핵심은 〈자신의 남다른 취미에 대한 친구의 비난에 변명하고 저항하며 더 나아가 자신의 권리를 옹호하는〉 특성을 띠게 된다. 미진한 대화가 일깨운 소원은 〈식물학 등을 등한시하지 않으며, 자신의 연구논문 위주의 배움이나 서적 수집과 소장에 대한 애착은 사치스런 취미로 비난받을 일이 아니〉라는 것을 입증하고 싶은 것이다. 그것은 〈코카나무 연구논문〉의 연상을 통해서 일부 성취되며 또 다른 연상에서 계속 드러난다. 이것은 무의식적 소원이 결합하면서 이 전의식적 소원들이 강력히 충전되어 이와 연관된 여러 사고 흐름들이 활성화되기 때문이다.

그러나 이 꿈을 자극한 꿈-사고는 꿈-내용에 전혀 나타나 있지 않다. 독자들은 이 꿈의 구조가 〈풍뎅이 꿈〉과 동일하다는 것을 알아차렸을 것이다. 우리는 또 하나의 낮의 잔재가 있다는 것을 이미 안다. ⓐ 그날 오전 서점 진열장에서 『시클라멘 속』연구논문처럼 보이는 신간서적을 뒤적인 사소한 체험이다. 그것은 잠시 프로이트의 주의를 자극하지만 관심을 계속 끌지는 못한다. 이 사소하고 심리적 가치가 낮은 〈식물학 연구논문〉이 꿈-내용으로 등장한다. 꿈을 자극할 정도로 심리적 가치가 높은 친구와의 미진한 대화를 제쳐 두고 말이다. 『시클라멘 속』연구논문을 뒤적인 사소한 기억이, 미진하게 끝나면서 전의식적 소원들을 일깨운 친구와의 대화를 대체한 것이다. 바로 이동이자 꿈-왜곡이다. 친구와의 미진한 대화로부터 활성화된 꿈-사고의 표상들은 무의식의 지원을 받으며 강력하게 충전되었을 것이다. 꿈은 그 충전된 에너지를 박탈해서 〈식물학 연구논문〉으로 이동시킨 것이다. 동시에 에너지가 이동된 〈식물학 연구논문〉 표상은 무의식적 소원과 전의식적 소원(들)을 자신에게 압축하면서, 여러 꿈-사고들에서 교차하는 표상으로서 중첩된다. 이 꿈에서도 역시 이동과 압축 작업이 관통하고 있으며, 이 표상들에 중첩된 에너지가 방출되면서 그에 압축되어 있는 소원들이 성취되고 있다.

문제는 두 개의 낮의 잔재 ─서점에서 연구논문을 뒤적인 것은 오전, 친구와의 대화는 저녁때이다─ 가 공통점이 전혀 없어 각각 독립된 인상으로 보인다는 것이다. 그러나 해석 과정에서 보면 식물학의 표상 범주에서 유래하는 여러 연결고리들을 통해 두 체험이 결합되어 있음이 드러난다. 저녁때 친구와의 대화가 자극한 꿈-사고들에는 〈식물학 연구논문〉, 그리고 〈식물학〉과 〈연구논문〉 등이 교차 표상으로 중첩되어 있어 오전의 사소한 체험과 연결된다. 특히 중요한 표상 〈코카인〉을 둘러싼 관계가 둘을 공고하게 하나로 묶고 있다. 그렇기 때문에 전자가 후자를 대체할 수 있었던 것이다.

(2) 꿈-작업과 소원성취

나머지 꿈의 구성 요소에 대한 자유연상은 다음과 같다.

ⓒ "〈식물 표본집〉처럼 〈말린 식물 표본〉이 연구논문에 부착되어 있다."

김나지움 시절 식물 표본집을 정리하라는 과제를 부여받았을 때, 그 표본집에서 작은 〈벌레〉, 〈책벌레〉가 있는 걸 본다. 이어 연상은 표본집의 십자화十字花에서 자신이 좋아하는 엉겅퀴로 옮겨 간다.

ⓓ "나는 내가 집필한 연구논문이 〈내 앞에 놓여 있는〉 것을
본다."

이 부분의 연상에서는 전날, 지혜로운 베를린 친구의 편지를
떠올린다. 《나는 자네가 쓴 꿈 서적에 푹 빠져 있네. 〈완성된
책이 내 앞에 있는 것을 보고 그것을 뒤적거린다네.〉》 꿈-내용
의 〈내 앞에 놓여 있고 … 뒤적거린다〉의 출처는 바로 친구한
테서 프로이트에게 온 편지 속의 대화이다. 그 대화가 약간 변
형되어 꿈-내용으로 들어간 것이다.

ⓔ 〈접혀 있는 원색 삽화들〉

프로이트는 의대 시절, 〈연구논문〉을 통해서만 배우려는 철
저한 성향을 자랑으로 여긴다. 용돈이 궁하면서도 의학전문잡
지를 몇 권 소장하고 있었으며, 잡지에 실린 〈원색 삽화〉는 그
에게 무한한 기쁨이었다. 어린 시절의 기억으로는 아버지가
〈삽화〉가 들어 있는 책을 찢으라고 그와 그의 누이에게 넘겨줘
서, 누이와 프로이트는 〈엉겅퀴를 찢듯이〉 한 장 한 장 책을 찢
었던 생생한 기억이 있다. 대학에 들어간 이후 그는 서적 수집
과 소장에 매우 큰 애착을 갖게 된다. 이것은 연구논문을 통해

배우려는 경향과 유사한 〈취미〉로 그는 〈책벌레〉가 된 것이다. 그는 이 열정 때문에 괴로움도 일찍 겪었다. 열일곱 살 때 서점에 상당한 외상을 졌지만, 갚을 길이 없었던 경험이다. 아버지는, 그가 서점에 빚지는 일 대신 다른 나쁜 일에 마음을 쏟지 않았다는 변호를 받아 주지 않았던 것이다. 이러한 청년 시절의 경험은 다시 친구 쾨니히슈타인과 나누었던 대화로 이동한다. 꿈꾸기 전날 저녁의 대화 주제가 당시처럼 그가 지나치게 학구적이고 사치스러울 정도로 고매한 〈취미〉에 너무 빠져 있다는 비난이었기 때문이다.

프로이트의 해석은 여기서 멈춘다. 하지만 우리는 〈풍뎅이 꿈〉에서처럼 이동과 압축 그리고 형상화의 공동 작업을 이 꿈에서도 보게 될 것이다. 그 꿈-작업이 바로 소원성취의 길이다.

이 꿈-내용에서 가장 눈에 띄는 꿈-요소는 〈식물학 연구논문〉이다. 이것을 분해한 〈식물학〉과 〈연구논문〉에 관한 사고 흐름들도 꿈-사고 곳곳에 중첩되어 있다. 이 세 꿈-요소를 중심으로 꿈-작업과 소원성취를 살펴본다.

① 꿈-요소〈식물학 연구논문〉에 이동·압축된 꿈-사고 흐름들

■ 핵심 꿈-사고: 나는 코카인 마취 성분 관련 논문을 처음 쓴 남자다. 나를 비난한 친구들은 코카인 마취로 아버지의 녹내장을 수술했다, 또 아버지는 나의 학구열로 인한 책 외상 빚을 외면했지만 코카인 마취로 수술을 받지 않았는가. 나를 비난한 그들에게 항변하고 싶다.

〈식물학 연구논문〉은 낮의 잔재로, 서점에서 본『시클라멘 속』연구논문에서 유래한다. 〈시클라멘 속〉은 이미지로서 〈식물학〉에 압축되며, 〈시클라멘 속 연구논문〉의 표상은 〈식물학 연구논문〉으로 이동하면서 압축·대체된다. 앞서 본 바와 같이 〈식물학 연구논문〉에는 꿈-자극의 원인인 미진한 채 중단된 친구와의 대화에 포진한 소원(들)의 에너지가 이동된다. 어떤 과정을 거쳐서 그렇게 된 걸까?

꿈-사고에 의하면 〈식물학 연구논문〉은 즉시 〈코카나무 연구논문〉으로 이동하고, 〈식물학 연구논문〉은 〈코카나무 연구논문〉을 압축한다. 따라서 〈코카나무 연구논문〉의 사고 흐름

들은 〈식물학 연구논문〉에 압축되어 〈식물학 연구논문〉이 꿈-내용으로 진출할 때 은폐되어 함께 진출한다. 이 미진하게 다 이야기하지 못해 되살려진 〈코카나무 연구논문〉의 사고 흐름에 소원이 포진되어 있을 터이다. 왜 〈코카나무 연구논문〉이 직접 꿈-내용에 진출하지 못하고 〈식물학 연구논문〉으로 대체되었을까? 전의식의 저항을 받을 만한 사고가 〈코카나무 연구논문〉에 압축되어 있기 때문이다. 그에 압축되어 있는 사고는 다음과 같다.

무엇보다 자신이 〈코카인〉에 관하여 귀중한 〈연구논문〉을 최초로 저술한 당사자라는 것을 먼저 떠올린다. 곧 자신의 〈코카인 연구논문〉이 콜러가 〈코카인〉의 마취 특성 발견의 동기가 되었던 사실로 이동하면서 〈코카인 연구논문〉에 〈코카인의 마취 특성〉에 관한 사고가 압축된다. 압축의 수단은 추상적 개념 〈코카인의 마취 특성〉을 나타내는 이미지들, 즉 시각적 장면들이다.

첫째, 꿈 장면은 프로이트의 자부심 넘치는 환상이다. 프로이트는 자신이 알지 못하는 의사에게 아버지처럼 녹내장 수술을 받는다면, 그 의사가 〈코카인〉 도입으로 수술이 얼마나 쉬워졌는지 기뻐할 것이며, 자신이 그 발견에 한몫했다는 것을 짐짓 표정에 드러내지 않을 것이라고 상상한다. 이 상상적 장면이 코카인 마취 특성의 이미지로 〈코카인 연구논문〉에 압축된다. 그런 환상은 프로이트 자신이 그런 소원을 가졌기 때문이며 그것이 형상화됨에 따라 성취된다.

둘째, 그의 아버지가 녹내장 수술을 받을 때 바로 〈코카인〉으로 마취를 했는데, 그때 수술에는 전날 자신을 비난한 쾨니히 슈타인과 코카인 마취 특성의 발견자로 알려진 콜러가 함께 참여한다. 이것 역시 시각적 장면, 즉 형상화로서 〈코카인 연구논문〉에 압축된다. 이 압축 작업은 책에 집착하는 그의 경향으로, 서점에 진 외상 빛에 냉담했던 아버지와 연결되면서 아버지를 향한 변명과 더불어 복수의 소원을 달성한다. 아버지는 자신의 논문이 촉발하여 발견된 〈코카인〉 마취로 녹내장 수술을 받은 것이다. 또 자신의 코카인 연구에 빚졌으면서도 자신의 〈사치스런 취미〉를 비난한 동료들 —콜러와 쾨니히슈타인— 에 대하여 항변하고 싶은 소원을 성취한다. 자신이 코카인에 대한 귀중한 논문을 쓴 것에 힘입어 자신들의 중요한 의료 활동을 하면서, 식물학 등을 등한시한다고, 또 연구논문을 통해서만 배우려 한다고 비난하는 것은 당치 않다고 항변한다. 이 사고 흐름은 〈이르마의 꿈〉에서 자신이 성실한 의사라는 것을 주장했던 것과 유사하다. 새로운 꿈의 재료에 앞선 꿈의 유사한 사고 흐름이 접속되고 있는 것이다.

〈코카인〉과 〈코카인 연구논문〉은 꿈-사고의 흐름에서 핵심 표상으로 꿈-사고 흐름을 주도한다. 〈코카인 연구논문〉의 사고 흐름에 포진된 꿈이 성취되려면 전의식에 진출해야 하지만, 이 〈코카인 연구논문〉은 전의식의 검열을 통과하지 못한다. 이 때 꿈-작업은 〈코카인 연구논문〉의 강도를 〈식물학 연구논문〉으로 이동시키고, 따라서 〈코카인 연구논문〉은 〈식물학 연구논문〉으로 변형 왜곡되어 전의식으로 진출한다. 이 〈식물학 연구논문〉이 검열을 통과하는 순간, 이 뒤에 숨어 압축된 〈코카인 연구논문〉에 깔려 있는 소원들이 왜곡되어 환각적으로 성취된다.

② 꿈-요소 〈식물학〉에 압축된 식물들의 표상들

〈식물학 연구논문〉이라는 복합 표상뿐만 아니라 〈식물학〉과 〈연구논문〉이 각기 여러 꿈-사고 흐름에 따로따로 중첩되어 있다. 먼저 〈식물학〉을 살펴본다. 〈식물학〉 표상에도 역시 소원 에너지가 이동되어 있고, 〈식물학〉과 유사성을 띤 표상들은 꿈-사고 곳곳에 포진하고 있다. 그 유사성을 띤 표상들은 하나에서 또 다른 하나로 이동하면서 〈식물학〉 표상에 도달하는 동시에 〈식물학〉에 압축된다. 그 표상들은 〈식물학〉이라는 추상적 개념에 형상화된 이미지로서 압축되고 있는 것이다. 〈게르트너(독일어로 정원사)〉와 그의 부인의 〈활짝 핀〉 모습, 〈시클라멘〉, 꽃, 꽃 선물 모두 형상화를 통해 이미지로서 식물학에 압축된다. 무엇보다 〈코카나무〉가 이미지로서 이에 압축되어 있다. 코카나무는 〈연구논문〉과 만나면서 앞서 본 바와 같이 중요한 사고의 줄기들을 형성한다. 코카나무가 〈식물학 연구논문〉과 〈식물학〉의 사고 흐름을 연결하는 고리이다. 〈식물 표본집〉, 〈십자화〉, 〈엉겅퀴〉 등도 이미지로 〈식물학〉에 압축된다.

삽화가 들어 있는 책을 〈엉겅퀴〉를 찢듯이 찢었다는 기억도 〈식물학〉에 압축되는데, 이 기억은 한편으로는 책에 대한 애착과 수집에 대한 사고 흐름과 걸쳐 있다. 이렇듯 〈식물학〉 표상에는 많은 사고 흐름이 교차하고 있다. 마치 직조공이 실을 교차시키며 천을 짜듯, 꿈-작업은 여러 사고들을 엮어 낸다. 그

천의 날줄과 씨줄의 교차점 〈식물학〉에는 그와 유사한 표상들이 가진 에너지가 압축되어 있으며, 그 집결된 에너지로 〈식물학〉 표상이 빛을 내며 꿈-내용에 진출한다.

③ 꿈-요소 〈연구논문〉에 압축된 꿈-사고

> ■ 핵심 꿈-사고: 〈연구논문〉 중심의 배움은 철저한 배움의 방식이다. 서적 수집과 소장 역시 성실한 배움의 방식이다, 이것은 비난받을 일이 아니다.

〈연구논문〉의 출처는 낮에 서점에서 본 『시클라멘 속』 〈연구논문〉이다. 〈연구논문〉 역시 여러 꿈-사고를 교차하는 표상이다.

꿈-자극은 전날 저녁 친구와의 대화가 게르트너 교수와의 우연한 만남으로 중단되어 남아 있는 미진함이었다. 따라서 대화에서 미처 하지 못한 미진한 부분들이 꿈-사고의 여러 흐름들을 이룬다. 친구와의 대화는 프로이트의 연구논문 중심의 학업 방식, 책에 대한 집착과 수집 등 그의 사치스런 취미에 대한 비난이었다. 따라서 미진한 부분이란 프로이트의 변명 내지 자기 권리에 대한 옹호이다. 바로 친구와의 대화가 일깨운 전의식적 소원들이며, 이것에는 무의식적 소원의 에너지가 이동되어 있다. 친구와의 대화에서 다하지 못한 미진한 사고 흐름들은 〈식물학 연구논문〉, 〈식물학〉, 〈연구논문〉으로 압축·대체되며, 〈연구논문〉 역시 미진한 친구와의 대화를 압축하고 있다. 그것은 그의 연구논문에 치중한 배움의 방식과 책에 대한 집착, 즉 그의 사치스런 취미에 대한 비난이었고, 그에 대한 변명과 자기옹호였다.

　〈연구논문〉은 어떤 미진했던 사고의 대체일까? 〈연구논문〉에 압축된 사고는 무엇이었을까? 프로이트는 코카인 이야기를 언제 했는지 기억을 더듬다가, 꿈꾸기 며칠 전 받은 실험실장의 〈기념 논문집〉을 떠올린다. 그 〈기념 논문집〉에는 콜러가 코카인의 마취 특성을 발견했다는 내용도 있었기 때문이다. 이어 연상은 친구와의 대화가 중단된 원인이었던 게르트너 교수와의 만남으로 이어진다. 그 역시 〈기념 논문집〉에 글을 기고했으며, 그와의 만남이 그 〈기념 논문집〉을 상기시켰을 수도 있기 때문이었다. 게르트너와의 만남이 그가 기고한 〈기념 논문집〉으로 이동하고 다시 그 〈기념 논문집〉에 실린 콜러의 〈코카인〉 마취 특성 발견 사실의 등재로 이동한다. 이 사고는 앞서 본 코카인에 관련된 꿈-사고 쪽으로 흘러가면서 자신이 쓴 〈코카인 연구논문〉이 〈식물학 연구논문〉으로 대체된다. 한편 〈코카인〉은 대화를 미진하게 끝내는 이유인 게르트너를 거쳐 그가 기고한 〈기념 논문집〉에서 〈연구논문〉으로 이동하는 중간 다리가 된 것이다. 〈연구논문〉은 〈기념 논문집〉과 〈코카인 연구논문〉을 함께 압축하여 꿈-내용으로 진출한다.

또 다른 사고 흐름이 〈연구논문〉의 아래 깔려 있다. 꿈의 구성 성분으로 분해된 〈원색 삽화〉와 〈말린 식물 표본〉의 사고 흐름이다. 이 두 표상의 사고 흐름은 형상화되어 〈연구논문〉에 압축된다. 꿈-사고의 핵심은 〈연구논문 중심의 배움의 방식과 책에 대한 집착에 대한 비난, 그리고 그에 대한 자기변명 및 옹호이고〉 이 꿈-사고가 표현된 꿈-요소는 〈연구논문〉, 〈원색 삽화〉, 〈말린 식물 표본〉이며, 각각 이미지로 형상화되어 꿈-사고를 표현한다. 그러면 〈연구논문〉, 〈원색 삽화〉, 〈말린 식물 표본〉으로 표현되는 꿈-사고, 즉 비난에 대한 변명이나 자기옹호는 무엇이었을까?

그것은 몇 개의 시각적 이미지로 형상화된다.

첫째, 시각적 이미지는 〈원색 삽화〉가 실린 의학전문잡지이다. 앞서 살펴본 것처럼 프로이트는 자신이 의학대학 시절에 〈연구논문〉을 통해서만 배우려는 충동에 시달려 궁한 용돈으로 그것을 구입하는데, 그것은 그의 무한한 기쁨이었다. 〈원색 삽화〉는 삽화의 이미지를 매개로 어린 시절 〈삽화〉가 실린 책으로 이동한다.

둘째, 시각적 형상은 그 〈삽화〉가 실린 책을 〈엉경퀴처럼 낱낱이 찢은〉 이미지이다. 이것은 책에 대한 남다른 애착의 시각적 형상화이다.

셋째, 이미지는 〈말린 식물 표본에서 그가 발견한 책벌레〉로 그것은 바로 책벌레인 자신이다.

넷째, 남다른 서적 수집과 소장의 취미 때문에 열일곱 살에 서점에 상당한 외상을 진 일도 있지만 아버지가 해결을 도와주지 않아 괴로움을 겪는다. 이 네 가지의 사고는 형상화를 취하며 이를 통해 자신을 옹호한다. 〈연구논문〉만을 통해 배우려는 것은 배움에 있어 철저하려는 성향이지 비난받을 일이 아니라는 것이다. 책에 대한 애착이나 수집은 어렸을 때부터 가졌던 취미이며 성실하고 철저한 배움의 태도라고 주장하고 싶은 것이다.

자신의 사치스런 취미들은 쾨니히슈타인과의 대화에서만이 아니라 여러 번 비난받은 일이 있다는 것이 꿈-사고에 드러나 있다. 물론 아버지에게도 비난받았을 것임을 짐작할 수 있다. 그는 이 같은 비난이 가당치 않다고 항변하면서 자신을 옹호한다. 이르마의 병에 책임이 없다고 변명하는 〈이르마의 꿈〉을 꿈-재료를 바꾸어서 그대로 이어받고 있다.

프로이트는 이 꿈의 분석을 중간에서 멈추었지만, 다른 꿈에서도 남들의 비난에 대해서 자신을 옹호하는 것으로 항변한다. 〈이르마의 꿈〉의 소원이 재료를 바꿔 〈식물학 연구논문의 꿈〉으로 재등장하듯, 또다시 재료를 바꿔 등장하고 있다. 그중 〈작고한 아버지에 대한 또 다른 부조리한 꿈〉의 한 사고 줄기도 그러하다. 그는 의학대학을 다른 사람보다 몇 년 더 다녔다. 연구를 더 하고 싶었기 때문이었지만 사람들은 그가 "빈둥빈둥 노는 줄 알았으며 그의 인생이 끝난 것이 아닌가 의심했다." 이에 프로이트는 "너희들이 믿지 않아도 나는 끝낼 것이다. 나는 결론에 이를 것이다. 이미 여러 번 그랬다"라면서 완강하게 자신의 성실하고도 끝을 보는 연구 열정을 내세운다.

하나 더 생각해 보자. 사소한 낮의 잔재는 수없이 많을 텐데, 왜 하필 〈식물학〉과 〈연구논문〉이 선택되었을까? 꿈-자극 요인은 친구 쾨니히슈타인과의 대화가 미진하게 끝난 일이었다. 그 미진함은 바로 〈게르트너〉 교수와 그의 〈활짝 핀〉 부인이 다가왔기 때문이었다. 게르트너 교수는 실험실장의 〈기념 논문집〉에 자기 논문을 기고했으며, 그 기념 논문집에는 콜러가 〈코카인〉의 마취 성분을 발견했다는 사실도 등록되어 있었다. 꿈과 연결되는 고리로 충분하다. 만약 〈게르트너〉 교수와 〈활짝 핀〉 부인이 다가오지 않았다면, 〈플로라Flora(꽃)〉가 아닌 〈안나〉가 화제에 올랐다면 꿈-내용은 어떻게 되었을까? 다분히 다른 관계가 선택되었을 것이다. 잊혀지고 마는 수많은 사소한 낮의 잔재들 가운데 다른 것이 〈식물학〉을 대신했으리라. 또 이 〈식물학〉과 〈연구논문〉을 결합시킨 것은 또 다른 꿈의 단서 〈코카인〉을 둘러싼 관계였음을 꿈-사고에서 확인할 수 있었다. 〈코카인〉을 비롯한 식물학과 관련된 여러 연결고리들은 여러 사고 흐름에서 교차하면서 에너지가 집중되어, 즉 중층 결정되면서 꿈-내용에 〈식물학〉 표상으로 이동하고, 또 코카인을 둘러싼 프로이트 자신과 다른 등장인물들의 〈연구논문〉이 중층 결정되면서 꿈-내용으로 진출할 수 있었던 것이다. 〈식물학〉표상과 〈연구논문〉표상이 꿈-내용에 진출한 것은 바로 압축에 의한 것이었다. 또 이 표상들이 압축될 수 있었던 것은 앞서 본 바와 같이 무의식적 소원의 에너지가 코카인을 통해 사소한 〈식물학〉으로 이동했기 때문이다. 역시나 이동과 압축은 꿈-형성의 동시적인 두 공장장이다.

4. 형상화 작업

1) 꿈의 형상화 작업

우리는 앞서 〈풍뎅이 꿈〉과 〈식물학 연구논문의 꿈〉에서 압축·이동·형상화의 세 꿈-작업이 동시적으로 이루어진다는 것을 상세히 살펴보았다. 압축과 이동의 수단이 이미지와 언어기호라는 것도 확인했다. 〈쌍무늬 풍뎅이〉표상에 잔인성과 성적 사랑이 압축될 때, 그 수단은 잔인성과 성적 사랑을 형상화하는 여러 이미지들이다. 그리고 잔인성과 성적 사랑을 압축하며 다의성을 띠게 된 〈쌍무늬 풍뎅이〉표상이 전의식의 검열을 통과해서 꿈-내용으로 진출하는 순간, 그에 압축된 소원들이 성취된다. 압축·이동·형상화 작업 모두 검열 통과를 위한 꿈-작업이며 소원성취가 목적이다.

우리가 앞서 사례로 본 꿈들에 의하면 형상화 작업에 대하여 두 갈래로 말할 수 있다.

첫째, 어떤 표상이 자신의 이미지, 즉 형상으로 이동해서 표현되는 경우다. 〈쌍무늬 풍뎅이〉 꿈-표상은 자신의 이미지로 이동해서 꿈-내용에 진출한다. 〈식물학 연구논문〉 표상 역시 책으로 제본이 된 논문의 이미지로 이동해서 꿈-내용에 등장한다. 꿈-표상의 이미지화, 형상화이다.

둘째, 〈풍뎅이 꿈〉을 예로 들어 보면, 풍뎅이 날개를 찢는 이미지는 꿈-사고에서 동물에 대한 잔인성을 표현하는 시각적 형상이었다. 풍뎅이 같은(미친 듯한) 사랑이나 사랑하는 이를 개에게 물어뜯겨 죽게 하는 이미지 역시 잔인성과 동시에 성적 사랑을 표현하는 시각적 형상이었다. 그 잔인성과 성적 사랑이라는 추상적 개념이 시각적 형상을 통해 각각 시각적 이미지인 풍뎅이 표상에 압축되고 있다. 〈식물학 연구논문〉의 꿈-사고 〈책을 좋아하고 수집하는 사치스런 취미〉는 책장을 하나씩 찢는 어린 시절의 기억 이미지와 식물 표본집의 책벌레로 이동하여 형상화된다. 사치스런 취미라는 추상적 개념은 책장 찢는 이미지와 책벌레라는 형상으로 이동하여 〈식물학 연구논문〉에 압축된 것이다. 역시 압축·이동·형상화의 동시적 작업이다.

우리가 익히 경험하는 것처럼 꿈-사고를 변형시키는 꿈-작업의 결과물인 꿈-내용은 시각적 형상으로 이루어져 있다. 앞의 두 꿈도 시각적 형상으로서 꿈-내용에 도달한다. 우리는 〈꿈-사고와 꿈-내용은 동일한 내용을 서로 다른 언어로 표현한다〉라는 명제를 기억한다. 〈꿈-사고〉는 그 의미가 명료한 낱말 표상으로 구성된 장르상 〈문학〉이고, 〈꿈-내용〉은 대부분 시각적·청각적 형상으로 이루어진 장르상 〈영화〉라고 할 수 있다. 또 전자는 사고이며, 후자는 형상화이자 그것에 대한 지각이다. 그런 의미에서 꿈-작업은 말 표상으로 이루어진 꿈-사고를 시각적·청각적 형상으로 번역하거나 대체한다. 물론 사고로만 이루어진 꿈도 있지만 대부분의 꿈은 시각적 장면으로 형상화되어 있으며 현재형이다. 꿈의 고유한 표현 체계는 시각적 형상화라고 말할 수 있다.

꿈은 왜 이런 시각적 형상화 작업을 하는 걸까? 우선 복잡다단하게 분리된 사고들이 형상언어로 변형되면 결합이 쉬워져 간결하게 통합된 꿈이 가능하다. 프로이트는 가끔 '좋은 꿈'이라는 표현을 쓰는데, 그건 분리되어 있는 꿈-사고들이 통합된 경우를 말한다. 철학자들과 시인들이 집결한 라파엘로Raffaello Sanzio의 〈아테네 학당〉처럼 말이다. 형상화는 간결하게 통합된 '좋은 꿈'을 만드는 또 하나의 공장장이다. 또 꿈이 형상으로 변형되는 중요한 또 다른 이유는 검열에 유리하기 때문이다. 무미건조하고 추상적인 표현이 형상에 의한 표현으로 대체되면 우리는 즉시 이해하지 못하면서 멈칫하지 않는가? 꿈에서 어떤 형상을 지각하고는 이것이 대체하는 추상적 개념을 전혀 떠올리지 못할 정도로 서로 무관해 보이는 경우도 많다. 이 두 가지 이유로 꿈-작업 형상화를 설명하기에는 부족함을 느낀다. 좀 더 근원적인 이유가 있을 것이다. 그 형상을 우리는 직접 체험하기 때문이다. 우리는 꿈을 꾸면서 표상 내용을 생각하는 것이 아니라 그 감각적 형상이 실제라고 믿으면서 그것을 보고 듣고 체험한다. 따라서 꿈은 근원적으로 현재진행형의 환각적 소원성취이다.

왜, 그리고 어떻게 꿈은 감각적 형상화의 길을 가는 걸까? 또 우리는 그것을 어떻게 지각(환각)하는 것일까? 우선 떠오르는 의문은 꿈-사고는 무의식 지대의 언어기호들인데, 그것이 어떻게 육체의 감각으로 지각되느냐 하는 것이다. 무의식 지대로 끌어 내려진 꿈-사고는 꿈-작업에 의해 변형된다. 소원이 투여된 표상과 그것의 강도가 이동된 사소한 표상들은 무의식의 심리 지대에서 꿈-작업의 압박을 받는다. 그러나 지각은 육체 차원에 속해 있지 않은가 말이다. 이것을 풀기 위해서는 육체와 심리, 그리고 외부 현실의 관계에 대한 지형도가 필요하다. 프로이트는 『꿈의 해석』 7장에서 우리에게 이것을 제시한다. 우리는 앞으로 3장에서 상세히 이 의문을 풀어 볼 것이다. 여기서는 형상화와 관련된 부분만 간략히 살펴보기로 한다.

꿈의 원동력인 무의식적 소원의 표상이 투여되어 활성화되면 이 에너지는 사소한 낮의 잔재와 그것이 일깨운 전의식적 표상들로 이동되면서 꿈-사고가 형성된다. 왜 무의식적적 소원의 표상과 투여된 에너지는 사소한 표상으로 이동해야만 했는가? 잠깐 우리가 잊고 있는 것을 떠올려 보자. 거칠게 단순화하자면 무의식적 소원의 표상에 에너지가 투여되는 현상은 그 표상과 같은 것을 외부 현실에서 얻어 소원을 충족하기 위해서

일 것이다. 마치 우리가 배고픔의 자극을 느끼면 심리에 있는 먹을 것의 표상, 즉 젖이나 밥 등 표상에 해당하는 음식물을 현실에서 찾듯이 말이다. 그 음식물의 표상들은 무의식에 격리(억압)될 이유가 전혀 없다. 그것들은 금지의 대상도, 검열의 대상도 아니며, 전의식의 기억창고에 저장되어 있을 뿐이다. 배고픈 우리는 전의식에서 배고픔을 충족시켜 준 경험이 있는 그 음식물의 표상들을 외부 현실에서 찾는다. 그리고 육체의 운동성 조직을 가동시켜, 즉 눈으로 그 음식물을 찾아 손을 뻗어 그것을 집어 먹음으로써 배고픔을 충족시킨다. 즉 [배고픔의 육체적 자극 → 심리(무의식-전의식) → 육체의 운동성 조직 → 외부 현실]로 진행되는 원칙은 생명유지에 필수적이다.

우리가 지금 살펴보고 있는 것은 꿈에서 무의식 심역의 소원의 표상들이 어떻게 육체적 차원에서 지각되는가, 즉 꿈은 왜 환각적 소원성취인가 하는 물음이다. 무의식적 소원의 표상 역시 전의식으로 진출하려고 하는 것은 그 충족을 위해, 그 표상에 해당하는 것을 현실에서 찾으려고 하기 때문이다. 그러나 그것은 즉시 전의식의 검열에 부딪치면서, 전의식적 검열이 주목하지 않는 사소한 표상으로 이동하여 그것에 은폐되는 전략을

취한다. 여기서부터 꿈-사고가 형성되기 시작하며 꿈-왜곡이 시작된다. 꿈-사고는 그 자체로 무의식적이며, 무의식의 심역으로 끌어내려져 있다가 수면 중에 활성화되기 시작한다. 꿈-작업이 시작되면서 무의식적 소원의 강도가 이동된 그 사소한 표상은 꿈-사고의 여러 사고 흐름들에서 교차되고, 거기에는 에너지가 집결된다. 바로 이동과 압축 작업이다. 이때 에너지가 집중된 사소한 표상도 역시 진행 방향으로 나가려 한다. 여전히 전의식을 거쳐 운동성 조직에 이르러 그 표상과 일치하는 것을 현실에서 찾으려 한다. 그러나 수면 중이더라도 여전히 작동 중인 전의식의 검열에 부딪치는 데다가 역시 수면 중이기 때문에 육체의 운동성 조직으로 가는 길도 차단되어 있다.

그렇다면 이동과 압축으로 에너지가 집중된 사소한 표상 ―무의식적 소원의 표상과 강도가 이동되어 은폐된― 은 어떤 길을 택하게 될까? 운동성 조직으로 가는 길이 차단된 채 사소한 표상에 집결된 이 에너지는, 그 방출을 위해 무의식의 심역에서 육체적인 지각 조직으로 퇴행할 수밖에 없다. 지각 조직으로의 퇴행, 이것이 바로 환각이다. 이동과 압축이 검열을 피하는 수단이었던 것처럼, 지각 조직으로의 퇴행 역시 검열로 전의식

진입이 좌절된 결과이다.

앞서 말한 여러 사고 흐름들이 압축된 표상에는, 무의식적 소원의 표상부터 그것이 이동된 사소한 표상까지 중첩되어 있을 것이다. "꿈-사고의 모든 논리적 관계는 꿈-작업 중 거의 사라지거나 간신히 표현되며", "지각되는 형상을 제외하고는 모든 표현을 상실한다. 꿈-사고의 구조는 완전히 원재료로 해체된다." 그 표상들은 지각 조직으로 퇴행하는 순간 〈언젠가 유래한 감각적 형상〉, 즉 소원의 표상이 유래한 원재료로 되돌아간다. 그 표상들 중 시간적으로 가장 오래된, 그리고 가장 먼저 무의식에 기록된 것은 무의식적 소원의 표상이다. 꿈-작업에서 그 무의식적 소원의 표상은 그것이 유래한 〈감각적 형상〉으로 되돌아가 지각(환각)된다는 것이다. 역시 그 표상들 중 에너지가 이동된 전의식적 소원들의 표상 역시 그것이 유래한 〈감각적 형상〉으로 되돌아가 지각(환각)된다. 이것이 바로 〈환각적〉 소원성취가 아니고 무엇이겠는가.

그러나 무의식적 소원 표상은 우리 의식에 절대로 있는 그대로의 모습을 드러내지 않는다. 앞서 본 바와 같이 자신의 에너지를 사소한 전의식적 표상에 이동시키고 그 뒤에 은폐되기 때문이다. 무의식적 소원은 전의식적 소원의 표상에 이동되어 성취된다. 따라서 우리가 지각(환각)하는 것은 사소한 표상이 유래하는 최근의 감각적 형상일 뿐이다. 꿈은 이와 같이 왜곡된 형태로 환각되는 소원성취이다. 이를테면 풍뎅이 형상이나 식물학 연구논문의 형상과 같이, 즉 최근의 사소한 기억 재료들이 지각되지만 그 사소한 기억 재료들은, 격리(억압)되어 알 수 없는 어린 시절의 기억 재료들의 대체물이라는 것을 우리는 짐작할 수 있다.

꿈-사고의 표상들이 감각적 형상으로 변형되는 것은 무의식 지대로부터 지각 조직으로 퇴행하기 때문이다. 무의식적 소원의 에너지가 이동되어 있는 사소한 표상들이 압축되면, 에너지가 응집되고 방출된다. 그러면서 그 표상들은 그들이 처음 유래한 감각적 형상들로 지각되는 것이다. 물론 압축·이동·형상화의 동시 작업의 결과이다. 이동과 압축의 수단이 형상화였던 것처럼 형상화의 전제조건이 이동과 압축인 셈이다. 소원들이 투여된 표상들이 감각적 형상으로 변형되어 지각되는 순간, 꿈은 환각적으로, 그리고 왜곡된 형태로 소원을 성취한다. 그 순간 꿈-내용은 형상으로 우리 의식에 도달한다.

앞으로 우리는 이 책의 3장에서 앞서 잠깐 언급한 꿈-과정에서의 퇴행과 관련된 육체의 지각과 심리 체계와의 관계, 또 무의식은 무엇이며 소원과는 어떤 관계인가를 살펴볼 것이다.

2) 형상화 작업을 보여 주는 꿈 사례

우리는 지금 꿈-사고가 무의식 지대에 끌어내려져 전의식의 검열을 받으며 꿈-작업에 의해 변형되는 과정을 살펴보고 있다. 형상화는 압축·이동과 동시에 일어나는 작업이라는 것을 앞서 살펴보았다. 또한 추상적 개념이나 표현하기 어려운 꿈-사고를 이미지로 이동시키면서 소원을 성취하는 것 역시 형상화 작업이다. 무의식 심역의 소원 표상들은 지각 조직으로 퇴행하면서 그것이 유래한 감각적 형상으로 되돌아가는 동시에 소원이 성취된다. 시각적·청각적 형상화가 꿈의 고유한 표현 체계일 수밖에 없는 이유이다. 꿈은 왜곡되었지만 실제처럼 경험하는 환각적 소원성취인 것이다.

프로이트는 자신과 친분 있는 부인의 꿈을 〈추상적 사고의 형상화〉의 사례로 든다. 이것을 통해 꿈-작업 형상화가 어떻게 이루어지는지 살펴본다.

〈… 1층 관람석 한가운데 높은 탑이 솟아 있고, 탑 위에는 철책으로 둘러싸인 난간이 있다. 그 높은 곳에 한스 리히터처럼 생긴 지휘자가 있다. 그는 철책 안을 바쁘게 뛰어다니며 땀을 줄줄이 흘린다. 그리고 그 위치에서 아래 탑대 주위에 배열한 오케스트라를 지휘하고 있다〉

— 『꿈의 해석』 405쪽.

꿈-사고가 꿈-작업에 의해 변형된 시각적 형상들 —〈관람석 한가운데 높은 탑〉, 〈탑 위의 철책으로 둘러싸인 난간〉, 〈한스 리히터Hans Richter처럼 생긴 지휘자가 탑대 주위에 배열한 오케스트라를 지휘한다〉, 〈그가 철책 안을 뛰어다닌다〉— 은 하나의 상황으로 잘 통합되어 있지만, 선뜻 이해되지 않는 터무니없는 장면을 이루고 있다. 그러나 이 시각적 형상들은 이 꿈-해석에 나타나 있지는 않지만 그녀의 기억 재료들로부터 비롯된 것이다. 프로이트는 꿈꾼 부인의 꿈-사고의 핵심인 〈그녀는 정신병으로 음악의 길을 중단한 음악가에게 호감이 있다〉를 주목한다. 이 꿈-사고가 어떻게 그 터무니없는 이미지로 이동·변형되었을까? 이 부인이 호감을 가진 음악가는 〈한스 리히터처럼 생긴 지휘자〉로 변형되어 꿈-내용으로 들어가 있다. 한스 리히터는 당대 음악계의 거물이다. 그 음악가는 한스 리히터처럼 생긴 지휘자의 이미지로 이동하면서 그곳에 압축되어 있다. 그럼으로써 그 부인은 그 남자를 한스 리히터와 같은 음악계의 대단한 인물로 떠받들고 싶은 소원을 성취한다. 그 부인은 그 남자가 〈뛰어난 음악가〉가 되었으면 하는 소원을 갖고 있음을 알 수 있다. 〈뛰어난 음악가〉라는 추상적 꿈-사고를 꿈-작업은 어떻게 형상화할까?

첫째, 지금 본 바와 같이 당대 음악계의 명사 한스 리히터로 이동해서 형상화한다. 둘째, 꿈-사고의 〈뛰어난 음악가〉는 〈높은 곳의 음악가〉라는 형상화 가능한 낱말로 이동한다. 꿈-작업은 〈높은 곳〉을 〈높은 탑〉으로 형상화해서 그곳에 한스 리히터로 변형된 그를 세워 놓는다. 높은 곳에서 우러름을 받는 이미지로 형상화된 것이다. 셋째, 《〈높은 곳〉, 즉 〈높은 탑대〉에서 오케스트라 단원들을 주위에 배열하고 지휘하는 모습》으로 이동해서 형상화되어 있다. 이 형상화를 통해 그 부인은 꿈속에서 〈그 남자가 위대한 한스 리히터처럼 오케스트라를 지휘하는 뛰어난 음악가가 되었으면〉하는 소원을 성취한다.

한편 〈높은 곳〉에는 탑만이 아니라 〈철책으로 둘러싸인 난간〉이 있다. 〈높은 곳의 탑turm〉은 〈그 남자의 뛰어남〉이라는 추상적 사고의 형상화이다. 또한 〈turm〉은 〈감옥이나 우리〉로서 〈철책으로 둘러싸인 난간〉으로 형상화되어 있다. turm은 탑과 감옥이라는 두 가지 함의를 가지고 있는 동음이의어로 〈높은 탑과 철책으로 둘러싸인 난간〉으로 절묘하게 한 장면으로 형상화되어 있다. 게다가 그 남자의 이름은 휴고 볼프Hugo Wolf로 〈볼프〉는 '늑대'를 의미한다. 〈철책으로 둘러싸인 난간(=감옥, 우리) 안에서 바쁘게 뛰어 다니며 땀을 줄줄이 흘리는 늑대〉라는 시각적 장면은 어떤 꿈-사고의 형상화일까? 이러한 형상들이 마주칠 수 있는 낱말이 있다면? 그것은 〈정신병원Narrenturm〉일 것이다. Narrenturm은 〈Narren(바보)〉과 〈turm(탑, 우리)〉의 합성어이다. 거꾸로 말하면 〈Narrenturm(정신병원)〉이라는 추상적 개념이 꿈에서는 〈turm(철책으로 둘러싸인 난간)〉에서 〈바쁘게 뛰어다니는 Wolf(늑대=남자)〉로 형상화된 것이다. 꿈꾼 부인이 그 남자에게 〈뛰어난 음악가〉가 되었으면 하는 소원과 더불어 그가 정신병자라는 우려를 동시에 갖고 있기 때문이다. 이처럼 꿈-사고는 흔히 대립연상으로 구성되어 있다. 그 소원과 우려가 〈높은 탑의 음악가〉와 〈철책으로 둘러싸인 난간을 뛰어다니는 남자〉로 형상화되어 하나의 시각적 장면을 이루고 있다.

3) 형상화로 가는 길목, 동음이의어의 낱말유회

앞의 꿈 사례에서의 형상화 과정을 보자. 꿈꾼 부인의 꿈-사고에서 뛰어난 음악가이기를 소원하는, 〈정신병으로 음악의 길을 중단한 젊은 음악가〉를 꿈-작업은 어떻게 형상화했는가?

〈뛰어난 음악가〉를 묘사하기 위해 〈높은 탑 위의 음악가〉라는 형상화가 가능한 낱말로 바꾸고, 〈높은 탑 위의 지휘자 한스 리히터〉로 형상화한다. 추상적 개념과 시각적 형상을 연결하는 고리로서 형상화가 가능한 〈높은 탑 위의 음악가〉라는 낱말이 제공되고 있다. 〈높은 탑turm〉이 선택된 것은 〈감옥, 우리turm〉와 동음이의어로서 꿈꾼 이의 꿈-사고 속의 〈뛰어난 음악가〉와 정신병자인 그의 이름 〈늑대Wolf〉, 그리고 〈정신병원 Narrenturm〉을 하나의 형상에 시각화할 수 있기 때문이다. 꿈은 마치 언어의 마술사처럼 보이지 않는가.

꿈-사고의 어떤 꿈 요소나 개념이 이미지로 표상되려면 그 이미지에 해당하는 언어기호가 전제된다. 어떤 사물이 언어기호의 장부(상징계)에 언어기호로 등록되어 있어야만 그것의 상상적 이미지화가 가능하기 때문이다. 언어기호가 전제되지 않으면 이미지화는 불가능하다. 따라서 꿈-작업은 어떤 추상적 개념이나 표현이 어려운 것을 묘사할 때, 그것을 형상화가 가능한 다른 언어기호로 대체해서 그 기호의 이미지로 이동하여 형상화할 수밖에 없다. 꿈-사고가 시각적·청각적 형상으로 변형되어 지각되는 데도 불구하고 꿈은 〈무의식의 언어 논리학〉이다. 모든 이미지가 표상되는 데에는 그것의 언어기호가 전제되기 때문이다. 이 대목은 꿈-내용은 시각적 이미지나 장면으로 우리에게 도착하지만, 꿈-사고는 우리가 쓰는 말, 즉 언어기호로 구성되어 있다는 사실도 다시 떠올리게 한다.

전의식 심역의 꿈-사고는 일정한 의미를 갖고 있는 언어기호, 즉 청각적 낱말 표상으로 되어 있다. 낱말 표상들은 그 철자나 발음(기호형식, 시니피앙signifiant)과 그 의미(기호의미, 시니피에signifié)가 비교적 일정하게 결합하여 정착되어 있다. 물론 철자와 발음이 같아도 의미는 다른 경우, 즉 동음이의어도 있다. 두 낱말이 철자와 발음이 유사하더라도 동사의 어미변화를 제외하고는 대부분 그 의미는 다르다. 따라서 전의식의 심역에서 낱말 표상으로 구성된 꿈-사고들은 복잡다단하게 얽혀 있지만 그 의미가 명료해서 쉽게 이해할 수 있다.

그러나 그 기호형식과 기호의미가 밀착된 낱말 표상으로 이루어진 꿈-사고가 다른 무대, 즉 무의식의 심역으로 끌어내려지면, 그 낱말 표상들은 전의식의 심역에서와는 전혀 다른 방식으로 움직인다. 그것은 그 의미(기호의미)와는 상관없이 철자나 발음(기호형식)의 공통성이나 유사성에 따라 이동하고 압축된다. 낱말들이 그 의미와 관계없이 공통된 발음을 매개로 압축·합성되는 경우를 〈norekdal 꿈〉에서 살펴보았다. 따라서 무의식의 심역에서는 동일하거나 유사한 철자와 발음을 갖고 있는 두 낱말은 서로 쉽게 대체, 교환된다. 이때 서로 대체된 낱말은 꿈-사고 속에서 그 낱말이 갖는 의미와는 전혀 관계없다. 낱말들은 이동과 압축의 원리에 따라 움직이는 기호형식일 뿐이다.

앞서 말한 대로 언어기호가 전제되어야 그것의 이미지화가 가능하다. 그렇다면 꿈-사고의 언어기호(낱말 표상)가 무의식의 심역에서 형상으로 변형될 때 어떤 경로를 걷게 되는가?

첫째, 어떤 낱말이 형상화되어야 한다면 그 낱말의 이미지로 이동한다. 풍뎅이가 풍뎅이 이미지로 이동하여 형상화되어 표현되듯이 말이다.

둘째, 꿈-사고 속의 추상적 개념을 뜻하는 낱말이 시각적 형상으로 변형되어야 할 경우, 꿈-작업은 추상적 개념을 뜻하는 낱말을 형상화가 가능한 다른 언어로 먼저 대체한다. 이때 앞서 말한 바와 같이 꿈-작업이 일어나는 무의식의 심역에서 두 낱말의 대체는 의미와는 전혀 관련이 없다. 두 낱말은 의미와 관계없이 철자나 발음이 같거나 유사할 때 서로 대체될 수 있다. 따라서 꿈-사고 중 형상화가 어려운 추상적 개념은 의미와는 관계없이 자신과 철자나 발음이 같거나 유사한 동시에 형상화가 가능한 낱말로 대체되고, 그 대체된 낱말의 형상으로 변형되는 경우가 많다.

예를 들어 보자. 프로이트가 예로 든 〈꽃가지 꿈〉에 등장하는 낱말로 〈하나 꺾어 가지다sich einen herunterreißen〉가 나온다. 이 낱말은 속어적 의미의 〈자위행위하다〉와 동음이의어로 철자와 발음을 공유하고 있다. 꿈은 묘사하기 어려운 〈자위행위〉를 어떻게 표현할까? 꿈은 동음이의어를 즉시 활용한다. 〈자위행위sich einen herunterreißen〉라는 낱말을 〈하나 꺾어 가지다sich einen herunterreißen〉라는 동음이의어로 대체하고 그것을 〈꽃가지

하나를 꺾는〉형상으로 변형시킨다. 두 낱말 〈자위행위sich einen herunterreißen〉와 〈하나 꺾어 가지다sich einen herunterreißen〉 사이에서 동시적인 이동·압축·형상화가 이루어진 셈이다. 다른 예를 들어 보자. 〈욕설을 퍼붓다〉라는 꿈-사고를 꿈-작업은 다음과 같이 묘사한다. 추상적인 〈욕설〉을 검열을 피하면서 형상화시켜야 한다. 꿈-작업은 욕하는 사람으로 하여금 침팬지를 던지는 형상으로 바꾼다. 침팬지를 던지다니, 이 무슨 어리둥절한 광경인가? 꿈-작업이 즉각적으로 침팬지Schimpanse와 욕설schimpfen의 발음상의 유사성을 이용한 결과이다. 발음의 유사성에 따라 욕설schimpfen을 침팬지Schimpanse로 대체하고 그 침팬지를 형상화한 결과, 침팬지를 던지는 형상으로 〈욕설을 퍼붓다〉를 이미지화한 것이다. 역시 이동·압축·형상화의 동시적 작업이다. 〈뼈가 부러진 사람을 치료하는 형상〉은 〈간통〉의 묘사이다. 독일어의 골절Knochenbrunch와 간통Ehebrunch은 각운에 해당되는 Brunch(깨짐, 부러짐)를 공유하면서 대체 가능하기 때문이다. 프로이트의 환자의 꿈속에서 프로이트가 코끼리로 형상화되어 등장한다. 프로이트가 왜인가 묻자 그는 "선생님은 저를 속이시니까요Vous me trompez"라고 답한다. 꿈-작업은 철자와 발음이 유사한 두 낱말 〈속이다trompez〉를 〈코끼리trompe〉 형상으로 대체하기 때문이다. 이런 경우도 있다. 꿈-사고의 〈불필요한überflüssig〉이라는 추상적 개념을 꿈-작업이 묘사할 때, 꿈-작업은 〈über(과도하게, 지나치게) flüssig(액체인)〉으로 낱말을 분해한 후 그것들을 형상화한다. 꿈은《집 밖에도 집 안의 벽에도 물, 축축한 침대에도 물, 모든 것이 액체, 〈지나치게〉 액체인 상황》으로 말이다. 꿈-작업은 이렇듯 꿈-사고 중 묘사가 어려운 추상적 개념을 형상화할 때, 그것을 형상화가 가능한 낱말로 대체한 후 형상화의 길을 걷는다.

　위 사례에서는 동음이의어이거나 유사한 발음을 공유한 두 낱말이 형상화가 어려운 추상성을 띤 낱말, 형상화가 가능한 낱말로 각각 짝지어져 있음을 알 수 있다. 두 낱말의 발음이나 유사성을 십분 활용해서 추상적 개념이나 묘사가 어려운 낱말들을, 형상화 가능한 낱말로 대체하여 형상화의 길로 가는 것이다. 의미와는 관계없이 철자나 발음이 동일하거나 유사한 낱말들 간의 이러한 이동이나 대체는 마치 기호형식의 율동처럼 보인다. 프로이트는 이것을 낱말유희라고 부르면서, 무수히 많은 예를 제시한다. 꿈에서 낱말유희가 형상화의 길목인 경우이다. 어린아이들의 낱말 구사에서도 의미와 관계없이 기호형식의 율동, 즉 낱말유희를 쉽게 찾을 수 있으며, 시인들이 구사하는 압운의 원리도 이와 같다고 볼 수 있다. 이처럼 무의식 지대에서 언어기호는 내용과는 관련없이 철자나 발음의 유사성에 따라 압축되고 대체되고 형상화된다. 두 낱말이 동음이의어이거나 두운頭韻 혹은 각운脚韻으로 발음을 공유하면, 낱말끼리 이동해서 대체하고 교환한다. 꿈은 다른 무대인 무의식 지대의 언어기호의 논리에 따라 형상화 작업을 할 뿐이고, 그에 따라 소원은 환각적으로 성취되며, 꿈-내용은 시각적 형상으로 우리에게 도달한다. 앞서 든 여러 예들에서 의미는 꿈-내용을 해석할 때, 즉 꿈-사고로 번역할 때에야 비로소 발생한다. 무의식 지대에서 형상화된 언어기호를 전의식의 언어기호, 즉 우리가 하는 말로 바꿔야 그 의미가 드러나기 때문이다.

4) 프로이트의 〈작고한 아버지에 관한 꿈〉에서 보는 낱말유희와 형상화 작업

프로이트는 이 꿈을 〈부조리 꿈〉으로 소개하고 있지만, 우리는 그와 더불어 꿈-작업이 형상화가 어려운 낱말을 동음이의어로 대체하면서 형상으로 변형시키는 경우를 살펴보려 한다.

꿈-내용: 〈아버지는 세상을 뜬 후, 헝가리 마자르족을 위해 중요한 역할을 수행, 그들을 정치적으로 통일시켰다.〉 그것과 관련해 불분명한 작은 형상이 보인다. 〈국회가 열린 날처럼 사람들이 북적댄다. 한 인물이 하나 아니면 두 개의 의자 위에 서 있고, 다른 사람들은 그를 에워싸고 있다. 나는 임종 시 아버지의 모습이 가리발디와 유사하게 보였던 것을 상기하고 이러한 기대가 실현되어 기뻐한다.〉
— 『꿈의 해석』 503쪽.

그의 아버지는 정치 활동과는 전혀 무관한 인물이다. 게다가 〈세상을 뜬 후〉 마자르족Magor을 통일시켰다니 말도 안 된다. 프로이트는 '황당무계한' 내용이라고 말한다. 그러나 그것을 꿈-사고로 번역하면 전혀 부조리하지 않으며 꿈-작업이 왜 그렇게 표현했는지 알 수 있다고 한다.

이 꿈을 자극한 동기, 낮의 잔재는 무엇일까? 그가 꿈꿀 무렵 헝가리인들이 〈의회의 의사진행 방해Obstruktion〉 때문에 무법상태에 빠졌다가 위기를 벗어난 일이 있었다. 꿈-사고를 보면, 이

〈의회의 의사진행 방해Obstruktion〉가 꿈을 촉발한 것으로 간주할
수 있다. 이 꿈을 도해해서 본다.

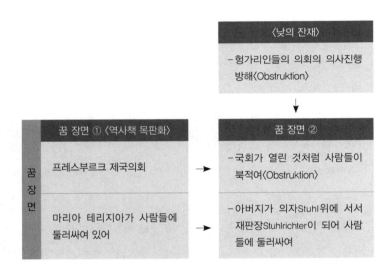

〈불분명한 작은 형상〉, 그 형상은 삽화를 곁들인 오스트리아
역사책의 목판화를 재현한 것으로, 프레스부르크 제국의회에
참가한 마리아 테레지아Maria Theresia를 그린 목판화 〈우리는 왕
을 위해 죽으련다〉의 유명한 장면이다. 이것은 〈꿈 장면 ①〉을
이루는 목판화이다. 프로이트는 이 목판화를 꿈꿀 즈음에 봤거

나 떠올렸을 것이다. 아주 작은 형상들로 이루어진 이 목판화 속의 상황은 사소한 것처럼 작고 불분명하지만, 꿈-요소의 핵심이다. 역사책의 이 목판화는 꿈속 장면에 거의 그대로 재현되어 있기 때문이다.

⟨꿈 장면 ②⟩는 전의식적 요소인 낮의 잔재와 ⟨꿈 장면 ①⟩의 역사책 목판화의 형상이 합성되어 형상화되어 있다. 낮의 잔재 의회의 의사진행 방해Obstruktion는 ⟨국회가 열린 날처럼 사람들이 북적거린다⟩로, 목판화는 ⟨한 인물이 하나 아니면 두 개의 의자 위에 서 있고⟩로 말이다. 또 목판화에서는 마리아 테레지아가 많은 사람들에 둘러싸여 있지만, 꿈-장면 ②에서는 아버지가 마리아 테레지아의 자리에 있다. 아버지는 많은 사람들로 둘러싸여 있고, 하나 아니면 두 개의 의자Stuhl 위에 서 있다. 즉 ⟨재판장Stuhlrichter⟩인 것이다. 그러나 ⟨우리에게는 재판관Richter이 필요하지 않을 것이다⟩라는 어구가 이 부분을 연결시켜 준다. (프로이트는 이렇게 말하고 있지만 『꿈의 해석』 번역본에서는 그런 표현을 찾을 수가 없다.) ⟨꿈 장면 ①⟩의 꿈속 목판화가 낮의 잔재 ⟨의회의 의사진행 방해Obstruktion⟩와 합성되면서 ⟨꿈 장면 ②⟩로 변주되고 있다. 변주된 ⟨꿈 장면 ②⟩는 의회의 의사진행 방해

Obstruction, 또 하나는 의자Stuhl와 재판장Stuhlrichter이 형상화되어 있다. 이 세 낱말이 목판화 밖 〈꿈 장면 ②〉에서 변주되며 형상화되어 있다. 낮의 잔재와 〈꿈 장면 ①〉 목판화가 합성되어 〈꿈 장면 ②〉가 표현되어 있다.

꿈-내용의 마지막 부분 〈아버지 임종 시 실제로 아버지가 가리발디Giuseppe Garibaldi와 유사해 보인다〉는 실제로 아버지가 돌아가실 때 그렇게 생각했다고 한다. 아버지는 〈사후〉 체온이 상승했으며 두 볼이 점차 불그스름해졌다는 것이다. 이 꿈-사고의 〈사후〉는 꿈-내용의 〈아버지가 세상을 뜬 후〉로 진입한다. 따라서 부사절 〈아버지가 세상을 뜬 후〉는 그 뒤의 〈마자르 족의 통일을 위해 …〉와는 전혀 관련이 없다. 바로 이차가공의 덫이다.

여기까지 봐도 꿈-사고가 무엇을 의미하는지 종잡을 수가 없다. 프로이트의 꿈-사고는 좀 더 진행된다. 〈체온상승〉은 그의 아버지가 돌아가시기 직전까지 가장 큰 고통을 주었던 〈장폐색Obstruktion〉때문이었다. 아하, 눈에 띄는 것이 있다. 〈장폐색Obstruktion〉과 〈의회의 의사진행 방해Obstruktion〉는 동음이의어라는 점이다. 낮의 잔재에 해당하는 헝가리인들의 〈의사진행 방해Obstruktion〉는 동음이의어인 아버지의 고통 〈장폐색Obstruktion〉을 떠올리게 하면서 꿈-사고가 형성되었던 것이다. "〈Obstruktion〉에는 아버지에 대한 온갖 불손한 사고들이 연관되어 있었기 때문이다."

꿈-작업은 꿈-사고 중 형상화가 어려운 〈장폐색Obstruktion〉을 의회의 의사진행 방해Obstruktion라는 형상화가 가능한 낱말로 대체한다. 같은 철자, 같은 발음의 두 낱말은 교환이 가능하기 때문이다. 〈장폐색Obstruktion〉은 〈의회의 의사진행 방해Obstruktion〉로 이동해서 압축된다. 따라서 〈장폐색Obstruction〉은 〈의회의 의사진행 방해Obstruktion〉로 형상화한다. 이동·압축·형상화의 동시적 작업이다. 누가 〈의회의 의사진행 방해Obstruktion〉의 형상에 〈장폐색Obstruktion〉이 은폐되어 있으리라고 생각할 수 있겠는가? 여기서도 동음이의어의 두 낱말이 형상화가 어려운 개념, 검열을 피해야 하는 개념, 형상화가 가능한 낱말로 짝지어져 있다. 꿈-작업은 형상화가 어려운 낱말을 형상화 가능한 동음이의어로의 대체하고, 그것을 형상화하고 있다.

같은 방식의 형상화 전략이 또 있다. 〈아버지는 하나 아니면 두 개의 의자Stuhl 위에 서 있다〉 아버지는 재판장Stuhlrichter(의자 위에 서 있는 재판장)으로 형상화되어 있다. 그러나 프로이트는 아버지가 재판장Stuhlrichter이라고 하다가 곧 재판관Richter이 필요 없다고 말한다. 도대체 무슨 말을 하는 건가? 재판관Richter이 필요 없으니까 빼면? Stuhl만 남지 않는가? 아버지는 〈의자 위에 서 있는 재판장Stuhlrichter〉으로 형상화되지만, 그 안의 Richter를 빼면 의자 Stuhl만 남는다. 놀랍게도 의자Stuhl와 대변Stuhl은 동음이의어다. 아하, 아버지의 권위에 손상을 입히는 낱말 〈대변Stuhl〉이 검열을 피하기 위해 〈의자Stuhl〉로 대체되어 형상화되고 있다.

이 꿈에서는 동음이의어이거나 유사한 발음을 가진 두 낱말이 각각 두 번 대체된다. 형상화가 어려운 낱말을, 형상화가 가능한 낱말로 대체하면서 형상화가 이루어지는 방식으로 말이다. 〈장폐색Obstruktion〉은 〈의회의 의사진행 방해Obstruktion〉로 대체되어 형상화되고, 대변Stuhl은 〈의자Stuhl〉로 대체되어 형상화된다. 위의 꿈-내용에서 어떻게 장폐색이나 대변을 찾을 수 있겠는가? 꿈-사고를 찾아보면 낱말유희가 형상화의 길목이 되고 있다는 것을 알 수 있다.

프로이트는 이 꿈에서 어떤 소원을 성취한 걸까? 혹 프로이트는 임종 전 아버지의 고통 〈Obstruktion〉에 대하여 도저히 있을 수 없는 일이라고 주장하고 싶은 게 아닐까? 아버지의 〈장폐색Obstruktion〉을 의식으로부터 밀어내고 싶었던 것이다. 억압된 것은 억압한 곳으로 돌아오는 법, 그러나 그것이 있는 그대로의 모습으로 돌아오지 못하고, 비틀려 언어논리에 의해 동음이의어 〈의회의 의사진행 방해Obstruktion〉 꿈으로 회귀한 것이다. 그러면 소원은 임종 시 아버지가 겪은 고통의 원인에 대한 거부, 즉 아버지의 깨끗한 임종이 아니었을까? 프로이트는 친구가 여자 친지의 고통에 대해 조롱조로 한 말을 떠올린다. 객사한 그녀의 아버지를 집으로 옮겨 와 시신의 옷을 벗기는 순간, 임종 시 혹은 〈사후에 배변〉을 한 사실이 드러났다는 것이다. 딸은 그것에 깊이 충격받았고 아버지에 대한 추억이 이에 의해 어지럽혀졌다고 말한 것을 떠올린다. 〈사후에 배변〉이라는 공통적 이미지가 이 기억을 떠올리게 한 것이다. 프로이트는 이 꿈의 소원을 〈사후 자녀들 앞에서 깨끗하고 훌륭한 모습으로 남고 싶지 않은 사람이 어디 있겠는가〉라고 표현한다.

프로이트의 〈작고한 아버지에 대한 꿈〉에서는 깨끗한 아버지의 죽음을 바라는 전의식적 소원에 대한 위장으로 낱말유희를 활용한 것이다. 그리고 이 부조리한 외관을 불러온 이유에 대해 '스스로 원해서'라고 말한 것은, 사실은 오이디푸스기에 기원을 둔, 깊이 격리된 무의식적 소원이 불러왔다는 의미가 아닐까.

5. 이차가공

1) 꿈-작업 이차가공에 대하여

이제 네 번째 꿈-작업에 들어섰다. 압축·이동·형상화를 각각 다른 절에서 살펴봤지만, 예로 든 모든 꿈들은 세 가지 꿈-작업이 동시에 톱니바퀴처럼 맞물리며 꿈을 만들어 낸다는 것을 보여 준다. 이차가공 역시 꿈-형성에 시종 개입하며 다른 세 꿈-작업과 동시에 일어난다.

이차가공이란 한 마디로 꿈-형성에 개입하는 전의식의 모든 활동을 말한다. 지금까지 우리가 봐 온 전의식의 뚜렷한 개입은 검열이었다. 억압된 무의식적 소원의 표상은 그 실현을 위해서 전의식으로 진출하려 하지만 전의식은 이에 저항하면서 거부한다. 무의식과 의식 사이에 마치 병풍처럼 검열관이 버티고 있는 것이다. 무의식적 소원의 표상은 전의식이 개의치 않을 만한, 전의식이 받아들일 만한 사소한 표상으로 이동하면서 변형·왜곡된다. 동시에 그 사소한 표상은 여러 사고 흐름에서 중첩되면서 꿈-내용으로 진출한다. 이때 표상 간의 이동과 압축의 수단은 이미지이거나 언어기호가 되면서 이동·압축·형상화가 동시적으로 작동한다. 따라서 꿈-작업 이동과 압축, 형상화는 무의식적 소원의 표상이 전의식의 검열을 통과하기 위한 방식이며, 따라서 전의식은 꿈-작업 이동과 압축·형상화를 압박한 장본인이다. 따라서 꿈-표상을 결정한 것은 두 심역, 무의식과 전의식의 힘의 갈등이며, 꿈은 무의식과 전의식의 타협물이다. 무의식과 더불어 전의식 역시 꿈-작업에 그만큼 결정적이다.

전의식은 깨어 있는 상태의 심역이다. 전의식이 꿈꾸는 동안 개입한다면 우리는 그것을 의식할 수 있어야 하는 게 아닌가. 그러나 우리는 수면 중 전의식의 검열 활동을 전혀 의식하지 못한다. 프로이트는 꿈에서 (전)의식의 개입을 뜻하는 이차가공을 입증하기가 가장 어려운 꿈-작업이라고 했다. 그렇지만 우리는 가끔 꿈꾸면서 의식이 깨어 있다는 것을 경험한다. 꿈을 꾸면서 "이건 꿈일 뿐이야"라고 하는 경우이다. 꿈을 꾸면서 그것이 꿈인 것을 안다. 즉 의식이 깨어 있어서 꿈꾸고 있음을 아는 것이다. 이 경우 흔히 고통스러운 감정을 느끼면서 잠에서 깨어난다. 〈꿈일 뿐이기 때문에〉 더 잘 수도 있는데 말이다.

자, 그러면 이 "이건 꿈일 뿐이야"라는 생각과 수반되는 불안은 꿈에 포함된다. 이것은 꿈-작업에 의해 변형된 꿈-내용일까? 그렇지 않다. 이것은 (전)의식이 아차 하면서 깨닫고 있는 것이다. 검열의 입장에서 거부하자니 너무 늦은 것이다. 깨어 있는 의식의 생각이다. 〈깨어 있는 의식의 생각〉이 꿈-내용에 포함될 수 있다는 증거이다. 잠에서 깨어난 후 하는 생각도 꿈-내용으로 간주하는 것이 이 때문이다. 이처럼 전의식은 검열로만 작용하는 게 아니라 꿈-내용에 첨가도 한다는 것이다. 무엇을 첨가하는 걸까?

우리는 가끔 나무랄 데 없이 논리적이고 명료한 꿈을 만난다. 꿈-내용이 꿈의 의미를 직접 말하고 있는 듯한 착각까지 들 정도로 말이다. 그러나 그런 꿈을 분석해 보면 조리 있는 꿈-내용은 꿈의 의미와는 거리가 멀다는 사실을 알 수 있다. 그것은 꿈의 부분들 사이를 관계 지어 주고 빈틈을 메워 정돈하면서 지나치게 가공이 되어 있기 때문이다. 꿈의 원재료들의 관계가 남아 있지 않을 정도가 된 것이다. 이차가공이란 이렇게 외양을 논리적이며 조리 있게 가공해서 이해 가능한 체험으로 정돈하는 꿈-작업이다. 깨어 있는 동안의 의식적 사고가 이야기나 체험을 논리적으로 구성하듯이 말이다. 검열과 마찬가지로 전의식이 쉽사리 받아들이도록 다듬는 작업이다. 이차가공이 정돈하기 위해 첨가한 부분은 꿈-사고에서 유래한 것보다 기억에 덜 남는다. 꿈이 망각될 경우 가장 먼저 사라지는 부분이다. 거꾸로 수많은 단편적 내용들이 혼란스럽게 널려 있는 꿈은 이차가공의 작업이 실패한 꿈이다. 우리는 그런 꿈 앞에서는 무척 당황하지만, 오히려 꿈의 원재료는 더 살아 있다고 볼 수 있다.

우리는 자칫 이차가공을, 압축과 이동, 형상화가 다 이루어진 후에 빈틈을 메워 가며 다듬는 작업이라고 오해할 수 있다. 명칭도 '2차가공'이니 말이다. 그러나 신빙성 없는 이야기이다. 이차가공은 압축·이동·형상화처럼 꿈-사고의 재료에 세 작업들과 동시에 영향을 미친다. 우리가 앞서 본 바와 같이 꿈의 시작은 꿈-사고의 형성이다. 꿈-사고의 사고 흐름들은 방대하기 짝이 없지만 꿈-내용과 달리 그것들은 충분히 논리정연하며 조리가 있어 단번에 이해 가능하다. 그 정연한 꿈-사고 형성의 원동력은 무의식적 소원이다. 무의식적 소원이라는 자본가가 전의식의 사소한 낮의 잔재에 에너지를 전이시키는 순간, 전의식이라는 기업가는 전의식적 기억의 재료들을 〈선택〉해서 다양한 꿈-사고의 흐름들을 엮는다. 〈선택〉은 판단이 전제된 전의식의 활동이다. 꿈-사고의 형성 시 꿈-재료의 선택부터가 기업가 전의식의 몫이다. 그것을 체계적이고 논리적인 꿈-사고로 구성하는 것도 역시 전의식의 몫이고, 그 방대한 꿈-사고로부터 꿈-요소로 사용할 재료를 선택하는 것 역시 전의식이 관여한다.

예를 들어 보자. 배탈이 나서 하루 종일 굶어야 했던 아이가 꿈을 꾼다. 그날 밤 아이의 꿈에는 오믈렛이며 딸기며 빵죽이 등장한다. 왜 밥이나 떡이 아니고 오믈렛이나 딸기가 꿈-내용으로 선택되었을까? 그것은 전의식이 아이의 기억창고에서 〈선택〉한 아이가 좋아하는 음식 목록이다. 이렇듯 전의식은 적절한 꿈-재료를 선택한다. 앞에서 살펴본 것처럼, 병원에 출근해야 하는 의대생은 출근이 임박한 시간에 유난히 달콤한 잠을 잔다. "병원에 갈 시간이에요, 일어나요"라며 깨우는 소리가 들린다. 그는 꿈에서 병원 침대에 누워 있고, 침대에는 자신의 이름이 쓰인 표찰이 달려 있다. 이 꿈은 출근해야 한다는 전의식적 요구와 수면욕을 동시에 만족시킨다. 이때 꿈-요소는 왜 하필 병원 침대일까? 〈병원 침대〉라는 꿈-재료는 당장 〈병원에 출근해야〉 하는 꿈꾼 이의 전의식이 선택한 아주 적절한 재료이다. 이러한 〈욕구충족 꿈〉 외에도 마찬가지이다. 〈식물학 연구논문의 꿈〉에서 꿈-자극 요인은 〈친구와의 미진한 대화〉였다. 그 미진한 대화로 소원이 촉발되었고 장황한 꿈-사고가 만들어진다. 이 꿈-사고가 꿈-내용으로 들어갈 때, 꿈-재료는 미진한 대화의 원인을 제공한 〈게르트너〉와 그의 부인의 〈활짝 핀〉 모습의 이미지로서 낮의 잔재 〈식물학〉으로 이동하면서 압축된다. 역시 미진한 대화의 핵심인 〈코카나무〉도 이미지로서 〈식물학〉으로, 〈코카나무 연구논문〉은 '연구논문'이라는 언어기호로서 〈식물학 연구논문〉으로 각각 이동하면서 압축된다. 이때 〈게르트너〉, 〈활짝 핀〉, 〈코카나무〉, 〈코카나무 연구논문〉 등의 꿈-재료가 전의식에 의해 선택되는 것과 동시에 무의식의 심리 작용인 이동과 압축, 형상화가 작용하고 있는 것이다. 물론 검열도 동시에 진행된다. 〈코카나무 연구논문〉이 직접 꿈-내용에 진출하지 않고, 〈식물학 연구논문〉으로 이동한

것은 검열 때문이다. 이처럼 꿈에서 전의식은 무의식적 소원의 에너지가 사소한 것으로 이동하면, 즉각적으로 꿈-재료를 선택하면서 논리적이고 방대한 꿈-사고의 구성에 나선다. 그리고 꿈-작업 중에도 검열을 행하면서 압축·이동·형상화의 꿈-작업을 압박한다. 검열을 통과할 만한 표상을 꿈-내용으로 결정하는 것도 전의식이다. 또 전의식이 받아들일 수 있도록 꿈을 논리적이고 조리에 맞게 가공하는 이차가공도 전의식의 몫이다. 이처럼 꿈-작업에서 전의식의 개입은 시종일관 전방위적이다.

2) 〈정육점 안주인의 꿈〉에서 보는 이차가공의 사례

프로이트가 〈꿈은 소원성취〉라는 명제를 제시하자, 많은 이들은 그 명제가 틀렸다고 주장하면서 그 근거가 되는 꿈들을 내놓는다. 이 꿈도 그런 꿈 중 하나다. 그러나 프로이트는 명쾌하게 이 꿈 역시 소원성취임을 밝혀내고, 아울러 히스테리적 동일시라는 증상을 찾아낸다. 우리는 이 꿈에서 이차가공을 비롯한 꿈-작업과 아울러 히스테리적 동일시가 무엇인지도 보려고 한다.

꿈-내용: 〈저는 만찬을 열려고 했어요. 그런데 마침 집에는 약간의 훈제연어 말고는 준비된 것이 전혀 없었어요. 그래서 시장을 보러 가야겠다고 생각하는데, 마침 일요일 오후라 상점이 모두 닫혔다는 기억이 나지 뭐예요. 할 수 없이 물건을 배달해 주는 상인들에게 전화를 걸려고 수화기를 들었어요. 그런데 전화마저 고장난 거 있죠. 그래서 만찬을 열려는 소원을 포기할 수밖에 없었어요.〉

— 『꿈의 해석』 190쪽.

꿈-내용의 앞뒤가 조리 있게 딱 맞아 떨어진다. 그녀의 말대로 꿈-내용은 있는 그대로 소원성취의 반대인 양 생각된다. 그러나 분석하면 이 꿈 역시 소원성취라는 게 밝혀지며, 이차가공으로 정돈된 부분이 어딘지도 드러난다. 그녀가 프로이트의 물음에 대답하며 연상한 내용은 세 가지이다. 꿈을 자극한 전날의 잔재는 무엇일까?

① 정육점 주인인 남편은 전날 그녀에게 살이 너무 쪘기 때문에 다이어트를 해야겠다면서 무엇보다 만찬 초대에 응하지 않겠다고 했다. ② 그녀는 남편 이야기를 하다가 덧붙인다. 그녀는 캐비어를 바른 빵을 먹고 싶지만, 너무 비싸 자제하고 있었

다. 남편에게 부탁하면 즉시 사다 줄 것이지만, 그를 놀리려고 절대 캐비어를 선물하지 말라고 부탁했다는 것이다. 대답이 충분치 않아 프로이트가 좀 더 캐묻자 저항을 극복할 만한 시간이 흐른 후, ③ 그녀는 전날 친구를 찾아갔다고 털어 놓는다. 남편이 항상 칭찬하는 친구여서 마음속으로 질투를 느끼고 있었다. 남편은 풍만한 몸매를 좋아하는데 친구는 다행히 비쩍 말랐다. 친구는 좀 더 살이 찌고 싶다는 소원에 대해 이야기하면서 그녀에게 〈언제 또 우리를 초대할 거예요? 댁의 음식은 언제나 맛있어요〉라고 묻는다.

꿈의 동기는? 세 번째이다. 남편이 항상 극구 칭찬하는 친구를 찾아갔다. 친구는 살찌고 싶은 소원을 말하면서 그녀에게 파티 초대를 요구했다. 이것이 꿈을 자극한 것이다. 이때 그녀의 전의식적 소원들은 무엇일까? 프로이트는 "내가 너를 초대하면, 너는 우리 집에서 많이 먹고 살이 찔 거야, 그러면 우리 남편 마음에 더 들겠지. 그럴 바에는 만찬을 열지 않는 게 나아. 이렇게 당신은 친구가 남편 마음에 들게 살이 찌는 데 보탬이 되고 싶지 않은 소원을 성취시키는 거죠"라고 말하며 그녀의 소원을 성취하고 있다는 것을 명쾌하게 밝힌다.

물론 프로이트는 여기에서 그치지 않는다. 이어 〈훈제연어〉의 출처를 묻는다. 그녀는 훈제연어가 그 친구가 좋아하는 음식이라고 답한다. 프로이트는 그녀의 친구도 잘 알고 있어서 그녀가 좋아하는 캐비어에 지출하지 않듯이 친구도 훈제연어에 지출하지 않는다는 것을 알고 있었다. 물론 정육점 안주인 그녀도 그것을 알고 있었다.

여기까지 보면 꿈-내용에서 중요한 것은 〈만찬〉과 〈훈제연어〉이다. 꿈-자극 요인인 〈친구 방문〉에서 전의식이 선택한 꿈-재료이다. 〈만찬〉이나 〈훈제연어〉는 꿈-내용으로 진출했지만 나머지 꿈-내용은 꿈-사고에서 연상의 재료로 언급조차 되지 않는다. 틈을 메우는 재료들이기 때문이다. 그녀가 프로이트에게 자신의 꿈은 소원성취가 아니라는 것을 보여 주고 싶어 덧붙여 가공한 것으로 보일 정도다. 꿈을 조리 있게 다듬은 이차가공의 결과이다.

그녀의 답변과 연상을 살펴본다. 〈만찬〉에는 어떤 꿈-사고가 압축되어 있을까? 〈만찬〉은 다이어트를 하려는 남편이 〈만찬 초대〉에 응하지 않을 거라는 말로 이동한다. 만찬은 살을 찌우기 때문이다. 이것은 '그녀가 친구를 만찬에 초대하면 친구도 살이 찔 것'이라는 생각으로 이동한다. 〈만찬〉이라는 추상명사가 살찐 남편, 살찌우는 만찬의 이미지로 이동해서 그것들을 압축하고 있다.

〈훈제연어〉를 보자. 그녀는 캐비어를 좋아하는데 남편이 칭찬하는 그 친구는 훈제연어를 좋아한다. 또 그녀가 캐비어를 좋아하면서도 지출은 삼가고, 친구 역시 훈제연어를 좋아하면서도 그에 지출은 하지 않는다. 〈캐비어〉와 〈훈제연어〉가 문법의 같은 자리(목적어)에 있으면서 주어가 달라 대립적 요소로 표현된다. 문법적 자리와 대립적 요소는 언어기호의 특징이다. 캐비어는 언어기호로써 훈제연어에 이동하여 대립된 요소로 압축된 것이다. 자신이 먹고 싶은 캐비어가 훈제연어로 이동해 압축되었지만, 만찬을 열지 못하게 되면서, 훈제연어로 살찌고 싶은 친구의 소원은 물론 캐비어를 먹고 싶은 자신의 소원도 좌절된다. 우리가 봐 온 사례들은 압축을 통해 은폐된 소원들이 성취되는데, 이 꿈에서는 같이 좌절된다. 좌절되는 것이 소원성취라는 듯이 말이다. 그러나 만찬을 열지 못함으로써 훈제연어로 친구가 살찌도록 하고 싶지 않다는 소원은 성취된다. 하나의 소원을 성취함으로써 또 다른 소원은 좌절되는 일이 동시적으로 일어난다. 그럼 그녀의 소원은 하나는 성취되고 또 다른 하나는 좌절된 것인가?

이 꿈을 들여다보면 여러 모순된 점들이 보인다.

첫째, 꿈에서 훈제연어로 만찬을 여는 것은 누구의 소원인가? 그녀의 소원인가 친구의 소원인가? 친구는 살찌고 싶어 만찬에 초대해 달라고 했다. 따라서 그녀는 자신이 먹고 싶은 캐비어가 아니라 훈제연어를 준비한다. 그러면 꿈은 친구의 소원을 성취하려는 것이다. 그러면서도 꿈은 그 친구의 소원을 좌절시킨다. 친구의 소원과 자신의 소원이 겹쳐 있는 양상이다. 꿈에서는 이런 일이 가능하다.

> 그녀(정육점 안주인) : 캐비어
> = 그녀의 친구(정육점 주인이 좋아함) : 훈제연어

앞서 본 바와 같이 꿈에서는 위와 같은 대립구조가 형성된다. 그런데 꿈에서 캐비어가 아니라 훈제연어가 등장한다면 그것은 그녀가 친구가 되어(동일시되어) 등장한 것이다. 즉 그녀는 친구와 자신을 동일시하고 있어 친구의 자리에 가 있는 것이

다. 왜 그럴까? 한마디로 남편이 그 친구를 좋아하기 때문이다. 동일시는, 정육점 안주인인 그녀가 그녀의 친구가 되어 친구의 자리에서 남편의 칭찬을 듣고 싶다는 소원의 실현이다. 표현되지는 않았지만 꿈속에서 그녀는 친구가 '되어' 남편의 환심을 사는 환각을 맛보았을 것이다.

꿈에서 친구와의 무의식적 동일시는 놀랍게도 현실에서도 구현된다. 친구가 훈제연어를 좋아하지만 그것에 지출하지 않듯이, 그녀 역시 캐비어를 좋아하지만 그것에 지출하지 않는다. 그뿐만 아니라 남편에게 캐비어를 절대로 사 오지 말라고 부탁한다. 남편은 풍만한 몸매를 좋아하니까 부탁하면 즉시 사 올 텐데도 말이다. 현실에서도 캐비어를 매개로 친구와 자신을 동일시하고 있는 것이다. 무의식적 동일시는 꿈에서는 환각으로 나타나지만 현실에서는 증상이다. 현실에서의 그녀의 증상으로 나타난다. 바로 프로이트가 말하는 히스테리적 동일시이다. 히스테리적 동일시는 서로 동일한 욕망이 매개가 되어 일어난다. 남편의 사랑을 받고 싶은 욕망이, 남편의 사랑을 받고 있는 친구와 자신을 동일시하게 한 것이다. 이것이 바로 히스테리적 동일시 증상이다.

그러면 친구와의 동일시로 남편의 욕망 대상이 되고 싶은 소원은 실현되었다. 그러나 묘한 것은, 꿈에서 친구와 동일시해서 친구의 요구인 만찬에 초대받아 연어를 먹고 살찌고 싶은 욕망을 성취하면 좋을 텐데, 이 소원은 좌절시킨다는 점이다. 또 현실에서도 남편의 욕망 대상이 되려면 자신이 좋아하는 캐비어를 마음껏 먹고 풍만한 몸매가 되면 될 텐데, 극구 사 오지 말라고 말린다. 꿈에서도 자신(즉 친구)에게 연어를 대접하지 않고, 현실에서도 자신이 좋아하는 캐비어를 절제한다. 말 그대로 욕망(소원)의 이중성이다. 동일시로 하나의 욕망이 실현되는 순간, 동시에 욕망의 좌절로 환원되는 이중성이다. 욕망을 충족시키는 동시에 불충족을 유지하려 한다. 이것을 프로이트는 〈불충족의 소원〉이라고 부르면 소원의 근원적인 불충족성을 역설한다. 소원은 절대 성취 불가하며 불충족일 수밖에 없으며, 오로지 꿈에서만 왜곡되어 환각적으로만 성취가 가능하다는 것이다. 라캉은 프로이트의 〈소원〉을 언어학적으로 결핍과 〈욕망〉의 이론으로 재정립하여 새로운 정신분석의 장을 연다.

3장
무의식과 꿈-과정의 심리학

우리는 이미 무의식, 전의식, 의식, 지각 등의 심리구조의 장소를 뜻하는 용어를 이미 사용했지만, 프로이트는 무의식이라는 용어를 거의 사용하지 않고 꿈-해석과 꿈-작업을 설명한다. 7장 「꿈-과정의 심리학」에 이르러서야 그는 기억 조직으로서의 무의식이 어떻게 형성되는지 그 과정을 낱낱이 제시한다. 그것을 시작으로 무의식과 전의식의 심리 체계의 구조를 그려 나갈 수 있도록 우리를 이끌고 있다. 그리고 그 두 심역의 심리 구조가 어떤 방향성을 갖고 있는지 실증적으로 제시한다. 바로 심리의 통사론적 문법이다. 꿈 역시 이 문법을 경유해서 형성된다. 무의식의 형성 과정, 그리고 그 심리 체계가 움직이는 문법을 살펴본다.

프로이트는 이미 「플리스에게 보낸 편지 52」(1896)에서 그의 제1지형학을 구성하는 심리적 장소들 —무의식과 전의식— 의 관계를 제시하고 있다. 그보다 더 일찍 『히스테리 연구』(1895)에서는 히스테리 증상으로부터 육체와 심리, 그리고 현실의 거시적 순환관계를 실증적으로 입증한다. 육체적 고통으로 나타나는 그것의 원인은 다름 아닌 기억에 있다. 고통을 야기한 것은 어떤 사건, 즉 트라우마라고 생각하지만 '히스테리 환자는 기억 때문에 괴로워한다.' 트라우마로 인한 '기억'이 반복적으로 출몰하면서 고통을 야기하는 것이다. 정확히 말하면 그 기억 뒤의 알 수 없는 기억 —무의식적 기억— 에서 고통이 비롯된다. 그런데 어떻게 표상(언어기호)으로 구성된 기억이 양적이며 물질적인 육체에 증상으로 나타나는 걸까? 심리적 기억 표상이 육체적 증상으로 전환되는 것이다. 즉 투여된 무의식적 기억이 신경감응-innervation을 통해 육체의 특정 부분에 닻을 내려 고통을 야기한다. 따라서 히스테리 증상에 참여하고 있는 것은 서로 다른 세 차원이다. 경험적 현실(트라우마)이, 표상의 차원인 심리에 기억으로 기록됨으로써, 양적이고 물질적 차원의 육체에 증상을 일으키고 있는 것이다. 정신(심리)과 육체를 이원론적으로 구분해 온 서양 지성사의 전통에서, 프로이트는 심리-육체-현실의 세 차원이 불가분리적으로 연결되어 있음을 입증하며 서양 철학에 균열을 낸다. 과학이나 의학에서는 육체를, 인문학에서는 현실을 주목하는 동안, 그는 이 세 차원을 연결할 뿐만 아니라, 심리를 체계화하고 그 중요성을 정신분석학으로 제시한다. 이것은 과학과 인문학을 전복시킬 정신분석학이라는 학문이 탄생하는 과정이기도 하다.

『꿈의 해석』에 이르면 「플리스에게 보낸 편지 52」에서 이미 체계화한 제1지형학의 구조를 정신분석의 용어로 정립하면서 완성해 낸다. 프로이트는 19세기 말에서 20세기 전반 유럽의 실증주의적 지성사를 관통한 생리학자이자 의사로서, 그리고 정신분석의 창시자로서 인간의 심리 탐구에서 '육체'라는 생물학적 토대를 떠난 적이 없다. 심리 체계의 형성 이론 역시 육체를 그 출발점으로 한다. 생물학적이며, 물질적이며, 양적인 육체에 가해지는 내·외적 자극에서 출발하여 언어기호, 즉 표상으로 구성된 심리의 세계를 거쳐 그것이 현실에서 해소되기까지의 과정을, 시간의 축에서 구성해 낸다. 『꿈의 해석』 7장

2절에서 그 사유의 길을 우리 눈앞에 펼쳐 놓고 있다.

1. 심리 체계의 구성

프로이트는 심리, 즉 기억 장치의 구성도 생물학적인 육체로부터 출발한다고 전제한다. 이 구성의 과정을 시간의 축에서 단계별로 촘촘하게 쪼개어 우리에게 제시한다. 생물학적 존재로서 인간에게 전해지는 최초의 자극이 무엇이겠는가? 말할 것도 없이 배고픔으로 대표되는 자기보존본능으로부터 오는 내적 자극이다. 종족보존본능도 처음에는 자기보존본능에 의탁하여 출발한다. 그 배고픔의 자극은 가장 먼저 위벽의 감각으로 전해진다. 그러나 이 감각은 순전히 육체적이어서 배고픔이라는 자극이 어떤 성질의 것인지 알지 못한다. 이 감각을 통해 받아들여진 자극흥분이 중추를 타고 대뇌에 전달되어야 그 자극이 배고픔인 것을 지각한다. 이 지각이 양적이며 물질적인 육체와 표상으로 이루어진 심리로 연결되는 지점이다. 이 육체적 자극이 지각되면 심리, 즉 기억으로 연결되어 그것을 해소하는 데 필요한 대상 —이를테면 음식물 혹은 성적 대상— 의 표상을 찾는다. 이어 육체의 운동성으로 연결되면서 현실에서 그 표상에 해당하는 대상을 실제로 취해 자극이 방출되며 해소된다. 육체-심리-현실의 순환이 이루어지는 것이다. 이 연결선을 육체 내외의 [자극-지각-심리(무의식-전의식-의식)-육체-육체 밖 현실]의 흐름으로 그려 볼 수 있다. 우리는 그 흐름의 구조 안에서 표상으로 구성된 심리 체계를 탐색해 보려 한다. 도대체 어떻게 심리 체계가 구성되는 걸까? 프로이트는 그것 역시 시간의 축에서 구성된다고 가정하며 단계별로 추론한다.

1) 최초의 기억 조직: 무의식 체계의 구성

프로이트는 이러한 심리의 구조를 현미경이나 사진기 같은 조립된 광학기구에 비유하면서, 최초의 심리 체계에 대한 가설을 다음 그림으로 제시한다.

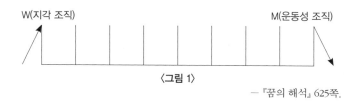

〈그림 1〉

— 『꿈의 해석』 625쪽.

우리의 모든 심리 활동은 내·외적 자극에서 출발하여 신경 감응으로 끝난다. 따라서 심리 체계에는 자극을 수용하는 지각 조직과 이 자극을 해소하는 운동성 조직이 있으며, 지각 조직에서 운동성 조직으로 진행하는 방향성을 가지고 있다. 이것은 일종의 반사 장치처럼 구성되어 있다. 신생아들의 입에 뭔가를 대 주면 곧 입을 내밀면서 빨려는 듯한 동작, 그것이 자기보존 본능에 의한 먹이찾기 반사운동이다.

그러나 먹이찾기 반사운동만으로는 배고픔의 자극을 해소하지 못한다. 인간은 다른 동물과는 달리 미숙한 조산아로 태어나기 때문에, 타자가 먹을 것을 제공해 줘야만 배고픔의 자극 흥분을 해소한다. 타자의 도움으로 이루어지는 이 자극방출의 지각 경험, 즉 포만감을 비롯한 어떤 쾌락 지각이 반복적으로 일어나면서 우리의 심리 장치는 구조적 변화를 겪는다. 그 지각 경험의 기록, 즉 기억 조직의 탄생이 그것이다.

지각은 마치 사진기의 렌즈와 같아 자극을 통과는 시키지만 그 경험을 기록하지는 못한다. '지각 자체 속에는 일어난 일의 어떠한 흔적도 없다.' 사진기의 렌즈에 해당하는 지각이 경험의 기록까지 담당한다면 금방 포화상태가 되어 지각 자체도 불가능해질 것이다. 따라서 사진기의 감광판처럼 그 지각의 경험을 기록해서 지속적으로 머물게 하는 장치, 즉 기억 장치가 필요하다. 인간만의 심리(기억) 장치가 구성되기 시작하는 것이다. 육체적 자극이 대뇌의 지각을 통해 기억 장치, 즉 심리에 기록되는 것이다. 어떻게 그게 가능할까? 기록이라면 그것의 수단은 표상(언어기호)일 터, 육체적인 지각이 언어기호로 변형된다는 것인가? 그렇다. 그 언어기호를 프로이트는 '기억흔적'이라고 명명하고 있다. 동물계의 일반적 반사 장치를 넘어서서 언어기호로 이루어진 인간만의 심리 체계, 즉 '기억 조직'이 발생하는 것이다. 이 기억 조직은 지각과 운동성 조직 사이에 배치될 것이며, 프로이트는 이것을 다음과 같은 그림으로 제시한다.

〈그림 2〉

— 『꿈의 해석』 626쪽.

미리 짚어 두자. 가장 먼저 탄생한 이 기억 조직(심리 체계)이 무엇이겠는가? 바로 무의식 체계다. 프로이트는 이 그림 자료를 제시하면서 기억 조직에 대하여 아주 중요한 것들을 시사한다.

첫째, 지각 경험이란 〈순간적인 흥분의 지각〉인데 그것이 〈지속적인 흔적〉으로 변형되어 기억 조직에 보존된다는 것이다. 그 변형된 흔적을 〈기억흔적〉이라고 부른다. 기억흔적으로 변형되어 기억 조직에 보존되는 것은 모든 지각이 아니라 강력하고 순간적인 지각흥분이라는 것이다.

둘째, 이 기억 조직에 기록되는 것은 지각 내용과는 다른 어떤 것이라는 점이다. 지각 내용이라면 앞서 말한 〈순간적인 흥분의 지각〉일 텐데, 흥분이라는 감각적 특질은 언어기호로 기록될 수 없다. 따라서 그것과 다른 어떤 것이 '흔적'으로 기록된다는 것인데, 대체 무엇의 흔적일까? 그 강력하고 순간적인 흥분의 지각 자체가 아니라 그것을 제공하는 어떤 대상의 '흔적'이다. 그리고 그 '흔적'이 그 대상의 전체가 아니라 어떤 부분 —부분 대상— 이라는 것도 암시하고 있다. 그렇다면 기억흔적이 기록되는 순간, 지각현실 자체는 떨어져 나간다. 기억흔적이 지각현실을 살해(상실)하고 그 부재 위에서 기록되는 것이다.

셋째, 이 최초의 기억흔적들은 각자 따로 기록되는 것이 아니다. 발생의 동시성에 따라 연합되어 기록되고, 이어 두 번째 기억흔적들부터는 유사성과 인과성의 원리에 의해 결합되어 기록된다. 이때 앞서 동시성에 의해 결합된 기억흔적들까지 유사성과 인과성에 의해 재배열되어 다시 기록된다는 말이다. 이 재배열·재기록된 기억흔적의 연합은 그 자체로 무의식적이며, 그물망으로서의 체계를 이룬다는 점에서 우리는 〈무의식 체계〉라고 부른다. 이렇듯 일정한 결합법칙 —동시성, 유사성과 인과성— 에 의해 형성되는 기억흔적들끼리의 관계망은 연상의 토대가 된다.

여기서 지각된 어떤 것들이 기억흔적으로 기록된다는 것, 그리고 그것들끼리 유사성과 인과성에 의해 연합한다는 것은, 그 기억흔적들이 기록된 '그 지각흥분과 그것을 제공하는 대상'과는 이미 결별했다는 사실을 말해 준다. 즉 지각된 어떤 것 —이것은 앞서 말한 바와 같이 지각을 제공한 대상이다— 과는 결별한 기억흔적들만의 자율적 체제로서, 처음에는 동시성의 원리, 그 후에는 유사성과 인과성의 원리에 의해 결합되는 일종의 관계망을 이루는 것이다. 이것은 소쉬르가 말하는 언어기호의 특징이다. 결국 무의식은 유사성과 인과성의 원리로 연합한 언어기호(기억흔적)들의 그물망이다. 우리는 여기서 '언어는 사물의 살해이다', 또는 '무의식은 언어처럼 구조화되어 있다'라는 명제를 떠올리게 된다.

2) 무의식 체계와 전의식 체계

그러면 기억흔적들끼리의 관계망인 무의식 체계는 전의식과는 어떤 관계일까? 프로이트는 앞서 꿈-형성에서 추론한 전의식의 비판, 검열기능을 끌어들이면서 다음과 같이 말한다.

우리는 두 개의 심리적 심역을 가정하지 않는 경우, 꿈-형성의 해명이 불가능하다고 보았다. 두 심역 중 하나는 다른 심급의 활동에 비판을 가함으로써 그 결과 의식할 수 없게 한다. 우리는 비판하는 심역이 비판받는 심역보다 의식과 더 긴밀한 관계를 가지고 있다고 추론하였다. 비판하는 심역은 비판받는 심역과 의식 사이에서 마치 병풍처럼 버티고 있다. 나아가 우리는 깨어 있는 동안의 생활을 주도하며 자의적이고 의식적인 행동을 결정짓는 것과 비판하는 심역을 동일시할 수 있는 근거를 발견했다.

〈그림 3〉

— 『꿈의 해석』 627-628쪽.

　프로이트는 앞서 꿈-소원이 형성되는 심역, 즉 비판받는 심역을 첫 번째 의식, 꿈-소원을 비판하는 심역을 두 번째 의식이라고 하였는데, 이를 각각 무의식과 전의식이라고 명명한다. 우리 심리의 각 장소는 일정한 방향성을 갖고 있기 때문에 무의식은 전의식을 통하는 것 이외에는 의식으로 접근하는 통로가 없다. 무의식 조직에 기록된 기억흔적들은 비판하는 심역, 즉 전의식 조직을 통과해서 의식으로 접근하려고 하지만, 전의식의 비판에 의해 거부되어 따로 떼어져 보관된다. 이 격리(억압)된 기억흔적을 무의식이라고 칭한다. 의식할 수 없다는 점에서 무의식이다. 두 번째 의식은 주의력이 배분되는 특정 조건이 충족되면 지체 없이 의식에 이를 수 있다는 점에서 전의식이라고 명명되며, 그것은 운동성에 이르는 열쇠를 쥐고 있는 심역이다. 이러한 추론에 의하면 우리 심리 체계는 [지각-무의식-전의식-의식-운동성 조직]의 시간의 순방향으로 움직인다. 그러면 전의식은 격리될 필요가 없는, 또는 격리되어서는 안되는 표상들(언어기호) 또는 의식으로부터 받아들인 표상들로 이루어져 있을 것이다. 따라서 이 전의식은 주의력이 투여되면 곧 의식화될 수 있는 기억들이다.

앞서 우리는 무의식에 격리된 소원의 표상과 전의식적 표상, 즉 낮의 잔재의 타협물이 꿈이라는 것을 살펴보았다. 무의식의 소원 표상이 강력하게 투여되면, 소원 표상은 의식으로 가는 길을 내면서 전의식을 통과해야만 한다. 그 투여된 무의식이 바로 꿈의 원동력이다. 이 무의식의 소원 표상, 즉 기억흔적이 전의식의 비판을 통과하려면 변형·왜곡되어야만 한다. 전의식이 용납할 만한 표상으로 변형되어야만 하는 것이다. 따라서 우리는 무의식이 본래 어떤 모습인지 알 수가 없다. 항상 변형·왜곡되어서 우리의 의식에 도달하기 때문이다. 꿈은 수면 중에 무의식적 소원 표상이 변형되어 전의식으로 진출했다가 운동성이 차단된 수면 조건에서 다시 무의식의 무대로 끌어내려 환각으로 우리에게 의식되는 과정을 밟는다.

3) 심리 체계의 통사론적 문법

앞서 본 대로 프로이트는 기억 장치, 즉 기억이 기록되는 심역의 각 장소를 무의식과 전의식으로 명명하면서 무의식이 어떻게 구성되는지 실증적인 토대에서 논리적으로 추론해 낸다. 그 출발점은 '인간은 생물학적 존재로서 자기보존본능과 종족보존본능이 충족되어야 한다'라는 자명한 명제이다. 본능은 배고픔과 성적 자극의 형태로 육체에 전해지며 그 자극을 시작으로 해소될 때까지 어떤 방향성을 갖는다. 즉 [육체적 자극-지각-심리(무의식, 전의식)-운동]을 통해 외부 현실에 이르기까지 시간적 순서로 진행된다. 그 과정이 일련의 통시적 문법으로 구조화되어 있다. 이 과정은 물질적이며 양적인 육체와 언어기호로 구성된 심리 장치 그리고 현실의 연결선이자 순환구조를 이루는 과정이기도 하다. 그 통사론적 문법을 살펴보기로 한다.

우선 짚어야 할 것은 이 심리 조직들의 움직임은 어떤 방향성을 가지고 있다는 것이다. 즉 '무의식은 전의식을 통과하지 않고서는 의식에 접근하는 통로가 없다.' 심리 조직 또는 장소를 구성하는 표상들은 시간의 축에서 진행의 방향으로 움직이며, 그 장소들의 관계는 마치 문법처럼 구조화되어 있다. 이 심리

체계의 이론을 통사론적 문법이라고 부르는 이유이다. 이것을
도해하면 다음과 같다.

	경계			경계	
육체		심리			현실
자극 →	지각 →	무의식	→ 전의식 →	의식 →	운동
양		표상			대상

〈그림 4〉[2]

이 도표에서 각 장소에 해당하는 조직들은 결코 동일한 차원
이 아니다. 앞서 본 바와 같이 육체는 물질적이며 양적인 차원
의 존재이고, 심리 ―지각 기록, 무의식과 전의식― 는 표상(언
어기호)으로 이루어져 있다. 지각은 육체와 심리의 경계 지대로
볼 수 있다. 그런데도 이 지대들의 구성 성분들은 연속적이고
순차적인 진행 방향으로 움직인다. 프로이트는 물질적·양적
인 육체적 자극과 언어기호로 이루어진 심리의 연결 메커니즘
을 『히스테리 연구』(1895)에서 전환이라는 메커니즘으로 설명

---

2   임진수, 『정신분석치료의 임상구조 1. 신경증』, 파워북, 2014, 29쪽.

해 낸다.

이어 「플리스에게 보낸 편지 52」에서 본능의 발현인 육체적 자극이 지각을 통해 표상(언어기호)으로 구성된 심리를 거쳐 육체 밖 현실에서 그 대상(음식, 성적 대상)을 찾음으로써 육체적 쾌락으로 해소되는 통사론적 문법을 제시한다. 서로 다른 차원의 육체-심리-현실의 세 장소를 관통하는 어떤 공통적 요소가 있기에 연결 메커니즘이 가능할 텐데, 그 공통적 요소란 〈언어기호〉라고 볼 수 있을 것이다. 그 연결 메커니즘을 그려 낸 것이 〈그림 4〉의 도표이다. 육체는 다시 본능에서 오는 자극을 반복적으로 지각하게 되면서, 육체-심리-현실은 하나의 순환고리로 연결된다. 육체-심리-현실, 이 서로 다른 세 차원은 일련의 순서로 서로 연결되어 순환하면서 우리의 삶을 지탱하고 있는 것이다.

프로이트는 이 심리구조가 통시적인 〈진행〉으로의 방향성을 갖고 있으면 정상화의 길을 가는 것이며, 이 순방향에 역행하는 것을 〈퇴행〉이라고 하고, 이것이 비정상의 방향이라고 설명한다. 예를 들면, 앞의 〈그림 4〉에서 육체적 자극에서 지각을 거쳐 심리로 진행하지 못하고 다시 육체로 퇴행하면 '현실 신경증'이라는 비정상적인 병증이 나타나고, 무의식에서 전의식으로 진행하지 못하고 격리되면 '정신 신경증'이라는 병증이 나타난다. 그 정신 신경증 중 하나가 바로 히스테리 증상이다. 이처럼 병증들이 통시적인 문법의 방향성을 입증해 주고 있다. 꿈 역시 무의식적 소원의 표상이 변형·왜곡을 통해 전의식의 방향으로 가지만, 수면으로 운동성이 차단되면서 전의식에서 다시 무의식으로, 다시 지각으로 퇴행하는 환각적 소원성취의 과정이다. 물론 이것은 병증으로 간주되지 않는다. 이 이중적인 기록 장치, 무의식과 전의식의 관계, 무의식이 전의식에 의해 격리(억압)되어 있는 점이 인류만의 보편적 특성이라고 할 수 있을 것이다.

이렇듯 '무의식은 전의식을 통하지 않고서는 의식에 접근할 수 없다.' 이것을 프로이트는 두 가지로 설명한다. 무의식은 변형·왜곡되어서라도 전의식의 검열을 통과하여 의식에 접근하려 한다. 그 변형·왜곡되어 우리의 의식에 도달하는 것이 바로 꿈이며, 육체에 증상으로 나타나는 것이 신경증 증상이다. 그러면 무의식이 변형·왜곡되지 않고 전의식을 통과하는 방법이 있을까? 그것을 프로이트는 '번역'이라고 말한다. '이 두 시기의 경계에서는 심리적인 재료의 번역이 이루어진다. 나는 정신 신경증의 특수성을 어떤 재료들의 번역이 잘 이루어지지 않는 것으로 가정하고 있다'고 말한다. 즉 변형·왜곡되어 번역이 잘 이루어지지 않으면 정신 신경증이라는 증상이 나타나고, 만약 번역이 잘 이루어지면 증상이 나타나지 않는다는 말이다.

두 심리 체계가 번역관계라는 것은, 첫째, 두 심역의 구성 요소가 언어기호이며, 둘째, 두 심리 체계가 가진 심리 재료의 내용이 같다는 것을 전제한다. 따라서 무의식의 언어기호를 전의식의 언어기호로 바꿔 주는 것이 진행 방향이자 정상화의 방향이며, 이 경우 정신 신경증 증상은 나타나지 않는다는 말이다. 그러면 무의식의 언어기호는 무엇이며 전의식의 언어기호는 무엇일까? 우리가 지금까지 본 바로는 무의식의 구성 요소는 언어기호적 특성을 지닌 기억흔적이고, 전의식은 우리가 발음하여 쓰는 말들이다. 전자는 일종의 기록으로서 문자적 특징을 갖고 있는 언어기호이고, 후자는 청각적 음성언어이다. 그리고 번역되어야 하는 내용은 동일하다. 그러면 번역이란 무의식의 문자를 청각적 음성언어로 바꿔 주는 것, 즉 소리내어 읽어 주는 것을 의미한다. 꿈의 해석도 시각적 상형문자로 된 꿈-내용을 청각적 언어기호인 꿈-사고로 번역하는 것, 다른 말로 하자면 시각적 문자를 청각적 언어로 읽어 주는 해독에 다름 아니다.

히스테리는 무의식적 기억이 말로 번역(해독)되지 못해서 생기는 증상이다. 거꾸로 말하면 무의식적 기억을 말로 표현할 때 증상이 사라진다는 것이다. 어떻게 무의식적 기억을 말로 표현하는가? 무의식적 기억은 앞서 본 대로 유사성에 토대를 둔 그물망이다. 따라서 그것이 표현되려면 자유연상을 이용해야 한다. 자유연상에 의해 무의식적 기억이 말로 표현되는 것, 이것은 무의식적 기억이 전의식으로 해독되어 순행의 방향으로 감으로써 치료가 된다는 것을 의미한다. 이것이 바로 정신분석의 치료 방법인 말 치료, 자유연상에 의한 말 치료talking-cure이다. 이렇듯 히스테리 증상이 거꾸로 심리문법을 입증하고 있으며 이를 통해 프로이트는 심리문법은 물론, 말 치료라는 아주 근원적인 정신분석 치료 방법을 길어 올린다. 정신분석은 오로지 '말'에 치료의 특권을 부여하고 있다.

심리문법의 표현으로 다시 요약하자면 '무의식은 전의식을 통하지 않고서는 의식에 접근하는 통로가 없다.' 무의식에서 전의식으로 진행하는 것이 정상화의 길이며, '무의식과 전의식의 관계는 번역관계이다.' 따라서 그 길은 무의식의 시각적 문자를 전의식의 음성언어로 읽어 주는 것이며, 그것이 진행 방향으로 가는 것이고 정상화의 길이다. 또한 그것이 바로 정신신경증을 치료하는 방법, 말 치료이다.

프로이트는 심리의 장소들을 명명하고 그 진행 방향에 따라 배치하는데, 그 명명 방식을 보면 그 심리적 장소들에 대한 개념이나 기능을 중심으로 공통쌍이나 대립쌍들로 묶고 있다는 것을 알 수 있다. 우선 공통쌍으로 지각과 의식, 무의식과 전의식을 각각 묶을 수 있다. 의식과 지각은 현재적이며 동시적이다. 이 두 조직은 심리의 표피를 형성하고 있으며 현재의 심리활동으로, 그 속에는 일어난 일의 어떠한 흔적도 남지 않는다는 점에서 공통쌍이다. 꿈에서 무의식과 전의식의 타협적 표상이 '지각'으로 퇴행하면 즉시 우리는 그것을 '의식'하면서 깨어나지 않는가. 그와는 대조적으로 무의식과 전의식은 기억이라는 점에서 과거시제이고, 또 부피와 넓이를 갖고 있는 공간으로 내용이 담겨 있으며 그 내용은 언어기호로 되어 있다는 점에서 공통쌍이다. 그러나 전의식은 언제든지 의식화가 가능해서 원하면 꺼내 쓸 수 있는 기억창고이며, 무의식은 의식화가 불가능한 기억으로 그것이 변형·왜곡되어 전의식을 통과해야만 의식에 접근할 수 있다는 점에서 이 두 심역은 대립쌍이다. 그런가 하면 기억창고에 해당하는 이러한 기억과, 기억을 보존하지 못하는 지각은 대립쌍이다. 카메라의 렌즈에 해당하는 지각은 자극을 통과만 시킬 뿐인데, 이 지각이 감광판에 그것을 고정시켜 머무르게 하는 기억까지 담당한다면 금방 포화상태가 되어 지각 자체가 불가능한 상태가 되기 때문이다. 따라서 지각과 기억은 각각 담당 기관이 각각 다를 수밖에 없다.

이렇듯 프로이트는 심리 체계 형성과 그 문법을 실증적으로 찾아낼 뿐만 아니라 그것에 상응하는 각각의 정신분석적 용어를 적확하게 선택하거나 창안하면서 이론화하고 있다.

2. 무의식과 소원 그리고 소원성취

우리의 심리 체계, 즉 [지각-무의식-전의식-의식]은 일정한 장소들로서 시간의 축에서 순서대로 배열되어 있다. 그리고 그 장소들끼리는 고정된 관계로 구조화되어 있다. 이렇듯 우리 심리 체계는 통사론적 문법의 구조를 갖고 있을 뿐만 아니라 그 성립 과정 역시 시간의 축에 따라 단계적이다. 그렇다면 지각 흥분이 최초로 기억(심리)에 기록되는 시점, 즉 기억의 근원을 가정할 수 있다. 인간의 기억(심리)에 최초로 기록되는 지각 경험, 즉 기억흔적은 무엇의 흔적이며 어떤 방식으로 기록될까? 프로이트를 따라 그 최초의 기억흔적으로 거슬러 올라가 보자.

1절에서 살펴본 무의식, 즉 기억흔적에는 강력한 지각흥분을 제공한 대상이 기록되어 있다. 그 기억흔적이 강력히 투여되면 최종적으로 그 기억흔적에 기록된 (대상이 제공한) 지각흥분과 똑같은 지각흥분이 지각, 즉 환각된다는 것이다. 그것이 환각적 소원성취이다. 그렇다면 소원은 기억흔적에 기록된 대상이 제공한 그 지각흥분을 다시 맛보고자 하는 것이리라. 과연 그럴까? 프로이트가 이끄는 길로 나아가 보자.

1) 최초의 충족체험과 소원

이제 막 태어난 갓난아기가 있다. 그 아기의 심리는 아무것도 기록되지 않은 백지상태Tabula Rasa이다. 아기는 곧 자기보존 본능의 자극, 즉 배고픔의 욕구 흥분을 지각하게 되고, 버둥거리며 울어 젖힌다. 그러나 다른 동물과 달리 조산아로 태어나 무원無援, helplessness상태에 떨어진 인간 아기는 타자의 도움이 없이는 배고픔의 자극을 해결할 수 없다. 아기의 배고픔의 자극은 어머니로 대표되는 타자의 도움으로 해소된다. 이때 프로이트가 가설로 세운 〈최초의 충족체험〉이 일어난다. 배고픔으로 어쩔 줄 모르는 갓 태어난 생명체에게 최초의 충족체험에서 오는 어떤 지각흥분은 어마어마하게 강렬할 것이다. 그 지각흥분이 주체의 Tabula Rasa에 최초의 '기억흔적'으로 기록되어 무의식을 형성하는 단초가 된다. 그 최초의 충족체험을 프로이트는 다음과 같이 설명하면서 그로부터 비롯된 소원을 정의한다.

심리 장치 역시 지금의 완성된 단계에 이르기까지는 오랫동안의 발전 과정을 거친 것이 틀림없다. 그 능력의 초기 단계로 한번 거슬러 올라가 보자. 다른 방법으로 증명할 수 있는 가정에 따르면, 심리 장치는 가능한 한 자극에서 자유로워지기 위해 노력했으며, 이 때문에 초기 구조는 외부에서 전달받은 감각적 충동을 즉시 운동성 경로로 배출하는 반사 장치의 도식을 지녔다. 그러나 삶의 필요가 이와 같이 단순한 기능에 제동을 걸고 기관이 지속적으로 발전하도록 자극을 준다. 삶의 필요는 먼저 커다란 신체적 욕구의 형태로 기관에 접근한다. 내적 욕구에 의해 생겨난 충동은 〈내적 변화〉 혹은 〈심정의 표현〉이라고 부를 수 있는 운동으로 배출될 길을 찾는다. 배고픈 아이는 어찌할 바를 모르고 울부짖으며 발버둥친다. 그러나 상황은 변하지 않는다. 내적 욕구에서 출발한 충동은 순간적으로 발산되는 것이 아니라 지속적으로 작용하는 힘에 상응하기 때문이다. 어떤 경로를 통해 아이의 경우에는 다른 사람의 도움을 받아 내적 자극을 종식시키는 충족 체험을 겪은 다음 비로소 변화가 일어날 수 있다. 이러한 체험의 본질적인 구성 성분은 특정 지각(예를 들어 음식물)의 출현이며 이 지각의 기억이미지는 출현 순간부터 욕구충족의 기억흔적과 결합된다. 같은 욕구가 다음에 또 일어나는 즉시 이미 형성된 결합에 힘입어 지각의 기억형상에 에너지를 리비도 집중하여 지각 자체를 다시 불러일으키려는, 즉 이전의 충족 상황을 재현하려는 충동이 발생한다. 이러한 충동을 우리는 소원이라고 부른다. 지각의 재출현은 소원성취이며, 욕구충동에 의한 지각의 충분한 리비도 집중은 소원성취에 도달하는 가장 빠른 길이다. 실제로 이길을 걸어 소원이 환각으로 끝나는 정신기관의 원시상태를 가정하는 것은 그다지 어렵지 않은 일이다. 이러한 최초의 심리적 활동은 〈지각동일성〉, 즉 욕구충족과 결합된 지각의 반복을 목표로 한다.

— 『꿈의 해석』 653-654쪽.

우리 심리는 가능한 한 자극에서 자유로워지려고 하기 때문에, 외부에서 받은 감각적 충동을 즉시 운동성 경로로 방출하려는 반사 장치의 성격을 지녔다. 그러나 인간 아기의 자기보존본능에서 발원한 내적 자극(배고픔의 욕구)은 피하는 게 불가능할 뿐만 아니라 반복적이며 지속적으로 발생하고, 또 반드시 충족되어야만 생명을 유지할 수 있다. 이 생명의 절박성은 타자의 도움, 이를테면 어머니의 수유로 배고픔의 자극을 해소함으로써 타개된다. 이때 어머니로 대표되는 이 타자는 무원상태인 아기에게 절대적인 위치를 가질 수밖에 없다. 바로 프로이트의 설득력 있는 가설, 최초의 충족체험이다. 이 최초의 충족체험으로부터 발생한 지각이 기록됨으로써 기억 장치가 발생한다. 생명의 절박성이 단순한 반사 장치적 기능을 넘어선 새로운 장치, 즉 기억(심리) 장치를 만들어 내며 발전한 것이다. 이 최초의 충족체험으로부터 오는 지각의 기록, 즉 최초의 기억흔적이 인간만의 심리화, 즉 인간화의 빅뱅이 일어나는 지점이다. 그 최초의 기억흔적으로부터 소원과 무의식이 출현한다. 인용한 프로이트의 말을 따라 그 과정을 짚어 본다.

첫째, 최초의 충족체험의 본질적인 구성 성분은 특정 지각(음식물에 대한 지각, 즉 포만감) 이외의 '어떤 지각'의 출현이며, 이 '어떤 지각'의 기억이미지는 배고픔의 욕구흥분의 기억흔적과 결합하여 동시적으로 기억 조직에 기록된다. 최초의 기억흔적들은 동시성의 원리로 결합되어 기록된다는 사실을 앞서 보았다. 이때 배고픔의 자극은 주체의 내적 자극이고, 이를 해소하면서 오는 충족체험의 '어떤 지각'은 어머니로 대표되는 타자, 즉 대상으로부터 온다.

둘째, 그렇게 결합되어 기록된 결과, 두 번째 배고픔의 욕구가 일어나면, 이미 형성된 결합에 힘입어 '어떤 지각'의 기억이미지에도 심리 에너지가 투여되면서 그 지각 자체를 다시 불러일으키려는, 즉 이전의 최초의 충족체험을 재현하려는 충동이 발생한다. 이러한 충동을 소원이라고 부른다.

셋째, 이 '어떤 지각'의 재출현이 바로 소원성취이다. 그 어떤 지각이 어떻게 재출현하는가? 이 지각의 기억이미지에 충분한 심리적 에너지가 투여되면 그 지각이 재출현하는데, 이것이 소원성취에 도달하는 가장 빠른 길이다. 투여된 기억이미지로부터 그 기억이미지가 비롯된 지각으로 되돌아가는, 즉 퇴행하는 것이다. 따라서 소원성취는 이 길을 걸어 환각적 방식으로만 이루어진다.

넷째, 최초의 충족체험 이후, 심리적 활동의 목표는 지각동일성 ―최초의 충족체험 시에 발생한 지각과 동일한 것― 을 반복적으로 재현시키는 것이다.

그럼 최초의 충족체험의 지각, 즉 이후 우리의 심리적 활동을 활성화시키는, 소원하는 그 지각이 기록된 기억흔적이 어떻게 무의식 체계를 형성시키는지 상세히 알아보자. 그리고 지속적으로 발생하는 소원충동이 그 무의식에 투여되면서 어떻게 그 소원이 성취되는지도 살펴본다.

2) 충족체험의 기록으로서의 무의식
― 기억흔적과 무의식

무의식에 처음 기록되는 지각은 바로 최초의 충족체험으로부터 오는 지각 경험이다. 그 충족체험에서 오는 지각은 두 가지가 있음을 알 수 있다. 하나는 배고픔의 욕구충족, 즉 젖을 먹음으로써 오는 쾌락지각인 포만감이다. 또 다른 '어떤 지각'이란 무엇일까? 그것은 젖이 나오는 어머니의 육체, 이를테면 젖가슴으로부터 온다고 가정되는 '어떤 지각'으로, 포만감보다 훨씬 감미로운 사랑의 맛이다. 충족체험을 촉발시킨 배고픔의 자극은 내적 자극이지만, 그것이 충족되는 체험에서 오는 두 지각 —포만감과 '어떤 지각'— 은 외부 대상으로부터 온다. 이 내적 자극의 지각과 외부 대상으로부터 오는 두 지각은 동시성의 원리에 의해 함께 기억에 연합하여 기록된다. 내적인 배고픔의 욕구에 대한 충족의 지각인 포만감, 대상으로부터 오는 어떤 지각의 기억이미지(기억흔적)가 동시성의 원리로 연합하여 함께 기록되는 것이다. 이것이 첫 번째 기록이다.

　포만감은 분명 배고픔의 자극을 해소하는 젖이라는 물질에 대한 지각이다. 그러면 어머니라는 대상의 육체, 이를테면 젖가슴으로부터 온다고 가정되는 그 어떤 지각은 인간 아기의 어떤 내적 자극과 관련 있는 것일까? 아마도 종족보존본능과 관련된 내적 자극, 즉 성욕동과 관련이 있을 것이다. 그렇다면 최초의 기억흔적을 구성하는 것은 내인성 자극으로 배고픔과 성욕동의 지각 기록이자, 이것을 충족시키는 대상의 물질적 젖으로부터 오는 포만감과 대상의 육체에서 오는 어떤 지각의 기록일 것이다. 이것들은 동시성의 원리에 의해 연합하며 기억 조직에 기록된다. 여기서 배고픔과 포만감의 지각은 전혀 문제가 되지 않는다. 그것은 생명유지에 필수적이어서 심리적으로 격리되어서도 안 되고 격리될 필요도 없다. 중요한 것은 사랑의 맛, 성욕동의 지각과 그것을 충족시키는 대상에서 오는 지각의 기록이다. 이 지각의 기록들이 (원)격리[3]되어 무의식을 이룬다.

프로이트는 이 최초의 지각의 기록을 지각표시, 기억이미지, 기억흔적이라고도 불렀지만 최종적으로 기억흔적이라는 용어를 선택한다. 앞서 본 바와 같이 기억'흔적'이라는 말은 지각 대상이 있는 그대로 기록되는 것이 아니라는 의미를 함축하고 있다. 앞서 본 바에 의하면 지각 내용과는 다른 어떤 것을 지속적으로 보존한다. 지각 내용이라면 감각적 특질을 말할 터인데,

---

3   (원)격리는 최초의 격리로서, 이때 격리된 기록들이 무의식의 핵을 구성한다. 이 무의식의 핵은 차후 전의식 형성 이후 이 전의식의 저항으로 격리되는 것들을 끌어당기면서 사후격리를 가능하게 한다. 프로이트는 (원)격리가 전제되어야 사후격리가 이루어진다고 본 것이다.

그것은 문자와 같이 써지는 것으로 기록될 수가 없다. 프로이트는 여기서 '흥분 재료'라는 용어를 쓰는데, 그것은 흥분을 야기하는 대상을 말한다. 말하자면 기억흔적은 충족체험의 순간 어떤 강렬한 지각을 일으킨 '흥분 재료', 즉 대상의 어떤 부분이 선택되어 기록되는 것이다. 강력한 흥분을 야기하는 대상의 어떤 부분, 이를테면 젖가슴, 그중에서도 어떤 특정 부분이 기억에 흔적으로 표시된다는 말이다. 따라서 그것은 대상의 감각적 특질도 아니요, 시각적 이미지도 아니다. 대상의 선택적 부분인 흔적이다. 충족체험은 이 대상의 선택적 부분으로부터 오는 지각체험이고, 기억흔적은 이 지각을 제공하는 대상의 어떤 부분의 기록이다. 결국 기억흔적은 대상의 부분화되고 추상화된, 더 나아가 변형된 기록이다. 따라서 그것은 대상의 이미지와는 전혀 다른 것으로 추상화된 어떤 상형문자와 유사한 것이다.

최초의 충족체험의 기록인 그 기억흔적들은 동시적으로 발생하고 동시적으로 연합하여 기록된다. 기억흔적이 연합하여 기록된다는 것은 이 기억흔적들이 기록하는 대상과의 결별을 전제한다. '언어기호는 사물을 살해한다'라는 명제의 현장이다. 기록되는 대상으로부터 자유로워진 기억흔적들은 자신들끼리 연합하면서 최초의 체계를 이룬다.

이어 두 번째 배고픔의 욕구가 일어나면 그것은 앞서 최초로 기록된 욕구충족의 지각, 즉 포만감의 기억이미지뿐만 아니라 이와 연합되어 기록된 '어떤 지각'의 기억이미지까지 깨워 내면서, 이 지각이 다시 일어났으면 하는 지각 재현의 충동이 발생한다. 그 '어떤 지각'은 포만감보다 훨씬, 아니 몇만 배 감미로운 사랑의 맛이기 때문이다. 배고픔의 욕구충족은 이 향락에 비길 바가 되지 못한다. 이 '어떤 지각'이 재현되기를 바라는 마음의 충동을 소원이라고 한다. 이때 재현되어야 하는 지각은 최초의 어떤 지각과 똑같은 것이어야만 한다. 다른 어떤 것에 의해서도 대체될 수 없는 이 지각의 재현을 프로이트는 '지각동일성'이라고 말한다. 이 지각은 물론 대상으로부터 오는 것이다. 그러므로 지각동일성을 되찾으려면 기억흔적에 기록된 그 대상을 되찾는 수밖에 없다. 앞서 말한 바와 같이 지각 경험이 기억흔적으로 기록되는 순간 그 지각 경험을 제공하는 대상은 상실된다. 그러므로 지각동일성을 얻으려면 그 상실된 대상을 〈되찾아야만〉 가능하다. 따라서 소원이란 실은 상실된 대상을 되찾기를 바라는 마음이다.

이 두 번째 배고픔의 욕구가 '어떤 지각'에 대한 마음의 충동, 즉 소원을 일깨워, 충족체험을 다시 하게 된다면, 두 번째 '어떤 지각'이 다시 기억흔적으로 기록될 것이다. 이 두 번째부터의 기록은 유사성과 인과성의 원리에 따라 재배열되고 재기록된다. 앞서 동시적으로 기록된 최초의 기억흔적들도 유사성이나 인과성에 포섭되면서 두 번째의 기억흔적들과 함께 재배열되고 재기록된다. 이어 세 번째, 네 번째 배고픔의 욕구 역시 소원을 불러오면서 '어떤 지각'이 발생하고 역시 기억흔적으로 기록될 때 이전의 기억흔적들과 유사성, 인과성의 원리로 연합하여 재배열되고 재기록됨으로써 어떤 체계를 이룬다. 일종의 기록부(들)이 생겨나는 것이다. 프로이트는 이것을 무의식, 정확하게는 무의식 체계라고 한다. 이 무의식 체계는 '언어는 관계에 지나지 않는다'라는 현대 언어학의 정의에 정확히 부합한다. 유사성과 인과성에 따라 포도송이처럼 기억군을 이루며 연결되는 기억흔적들은 스스로 기능하지 못하고 다른 기억흔적과의 관계에서 그 기능을 할 뿐이다. 따라서 이 연합 체계는 연상의 토대가 된다. 프로이트 역시 기억흔적은 언어기호의 가치를 갖는다고 강조한다.

기억흔적은 두 방식에 따라 기록·배열된다. 최초의 충족체험이라는 사건 당시 동시성에 의해 기록되는 방식과, 그 기억흔적들이 다시 유사성에 의해 연합하면서 재배열·재기록되는 방식이 그것이다. 물론 후자의 방식에 따라 배열된 것이 무의식에 해당한다. 이 무의식이 형성되면 우리 심리에서는 어떤 일이 일어나는 것일까? 앞서 본 대로 최초의 충족체험의 지각이 재현되기를 바라는 소원충동은 끊임없이 반복적으로 일어난다. 내적 욕동 —자기보존욕동과 종족보존욕동— 이 자극흥분되는 한, 쉽게 말해 우리가 살아 있는 한, 무의식은 계속 투여되면서 지각동일성을 재현시키려 한다. "언제나 활성화된 불멸의 무의식적 소원들은 태곳적부터 거대한 바윗덩어리를 짊어지고 있는 전설 속의 거인족을 연상시킨다. 그 옛날 신들이 승리를 구가하며 내던진 바윗덩어리들은 거인들이 사지를 움찔할 때면 지금도 때때로 진동을 거듭한다." 프로이트는 무의식의 불멸적 성격을 이렇게 표현한다.

이것들은 확실히 닦여 있어서 결코 황폐해지는 일이 없는 길과 같아서, 무의식적 충동이 보충해 줄 때마다 몇 번이고 흥분 과정을 반출한다. 비유를 통해 표현하면, 이것들은 『오이디세이아』에서 피를 마시는 순간 새 생명을 얻게 되는 망령들처럼 근절시킬 수 없는 다른 방법이 없다.　　　　　　　　— 『꿈의 해석』 641쪽.

무의식 조직은 오로지 소원만 할 수 있다. 그 불멸의 무의식에는 최초의 충족체험의 지각이 기록되어 있으며, 투여된 무의식은 그 지각동일성의 재현을 목적으로 한다. 무의식 지대의 심리 과정이란 가장 빠른 길을 통해 지각동일성을 세우는 것이다. 그렇다면 소원성취를 이루는 가장 빠른 길은 어떤 길일까? 그것은 충족체험의 소원지각이 기록된 무의식에 많은 양의 에너지가 투여되어 소원지각을 환각적 방식으로 재현하는 것이다. 소원지각이 기록된 무의식에 많은 양의 에너지가 투여되면 어떤 일이 일어나는 걸까? 꿈-작업에서 본 바와 같이 무의식의 지대에서 심리에너지는 자유롭게 흘러 이동·압축 기제에 따라 아무런 구속 없이 어떤 표상에 집중된다. 그 어떤 표상이란 바로 소원지각이 기록된 표상이다. 그 무의식에 기록된 충족체험의 지각을 재현하기 위해서, 소원지각이 기록된 표상에 심리적 에너지의 이동·압축이 추동되는 것이다. 그 표상에 심리적 에너지가 집중되어 방출될 때, 그것에 기록된 지각이 환각된다. 이것이 지각동일성의 재현이며 소원성취이다. 가장 원초적으로 지각동일성에 이르는 가장 짧은 길은 [지각 → 무의식 → 전의식 → 의식 → 운동]의 통사론적 문법에서, 무의식에서 전의식으로 가지 않고 직접 지각으로 퇴행하는 길이다.

3) 무의식과 소원성취의 경로들

(1) 소원성취의 우회로, 정상화의 길

프로이트는 '소원' 이외에 우리 심리 장치를 가동시킬 수 있는 것은 없다고 말한다. '최초의 충족체험 이후 심리적 활동의 목표는 지각동일성을 반복적으로 재현시키는 것이다.' 그 방식은 충족체험의 지각이 기록된 기억흔적, 즉 무의식이 투여되면서 처음 충족을 느꼈던 지각으로 퇴행하는 길 이외에는 없다. "실제로 퇴행의 길을 걸어 소원이 환각으로 끝나는 정신기관의 원시상태를 가정하는 것은 그다지 어렵지 않은 일이다." 이 가정된 원시상태, 즉 무의식에서 지각으로 직접 퇴행하여 지각동일성을 환각하는 것은 심리의 통사론적 문법에 비춰 보면 비정상적인 병증, 즉 환각성 정신 신경증이다.

만약 실제로 이 짧고 빠른 길을 퇴행하여 지각동일성을 거듭 환각한다면, 심리적 활동은 소원 대상을 붙잡는 것으로 에너지를 소진해 버려, 실제 외부 대상으로부터 오는 지각에 심리적 에너지를 집중할 때와 같은 결과를 발생시키지는 못한다. 쓰라린 삶의 경험이 이러한 원시적 사고 활동을 보다 합목적적인 제2의 사고 활동으로 수정한 것이 분명하다. 지각동일성을 목적으로 하는 무의식의 심리 작용을, 사고동일성을 추구하는 제2의 심리 작용으로 대체하게 된 것이다. 사고동일성은 표상들의 강도에 미혹되지 않고 그것들 사이의 연결 통로에만 관계한다. 이때 심리적 에너지는 자아에 의해 구속되고 이에 따라 표상들은 서로 묶여 좀 더 안정된 형태를 유지하게 된다. 따라서 무의식계의 충족이 억제되고 다양한 충족의 길을 모색할 수 있게 되는 것이다. 이러한 심리 작용을 프로이트는 무의식계의 1차 과정에 상응하는 개념으로 2차 과정이라고 부른다. 이 과정은 합목적적인 사고 활동을 통해 외부에서 소원충족의 대상을 찾아 소원하는 지각을 얻는 방식으로 구조화되었다고 말할 수 있다. 프로이트는 이 과정에 대하여 이렇게 말한다.

심리적 힘을 더욱 유용하게 사용하기 위해서는 기억형상을 벗어나지 않도록 퇴행을 제어하면서 기억형상을 출발점으로 삼아 결국 외부 세계에서 소원하는 동일성을 만들어 낼 수 있는 다른 길을 찾는 것이 필요하다. 퇴행의 제어와 이에 따른 충동의 완화는 자의적인 운동성을 지배하는 두 번째 조직의 과제가 된다. 즉 두 번째 조직은 과거에 기억된 목적을 위해 운동성을 사용하는 기능을 담당한다. 그러나 기억형상에서 외부 세계에 의해 지각동일성이 만들어지기까지의 모든 복잡한 사고 활동은 경험을 통해 필요해진 〈소원성취의 우회로〉를 나타낼 뿐이다.

— 『꿈의 해석』 655쪽.

이 제2의 심리 조직이 전의식이며 공식적 자아이다. 무의식이 오직 지각동일성을 맛보려는 소원충동, 즉 지각동일성이 목적이라면, 전의식의 과제는 무의식의 지각동일성 추구를 억제하고 우리가 하는 말을 사용하여 판단, 추론, 통제 등을 통해 사고동일성을 추구한다. 따라서 사고는 환각적 소원의 대체물에 불과하다. 사고는 충족체험의 기억흔적에서 출발하여 전의식의 기억 표상들을 살펴본 뒤 적절한 외부 대상을 찾는다. 사고는 그 외부 대상에게 무의식의 투여를 이동시키고, 운동성을 통해 그 외부 대상을 찾아 지각동일성을 얻는다. 따라서 전의식의 복잡한 사고 활동을 통해 외부에서 지각동일성에 도달하는 것은 〈소원성취의 우회로〉일 뿐이며, 이 우회로는 지각동일성의 변형이면서 동시에 지각동일성에 봉사한다.

이것이 앞서 살펴본 통사론적 문법에 해당하는 진행 방향의 〈정상적인〉 경로이다. 정상화의 길이 인간화이고 문명화의 길인 것은 틀림없다. 그러나 전의식의 사고동일성으로 이행한 뒤 외부의 현실에서 소원충족의 대상을 발견하여 지각동일성을 얻는 길은, 〈소원〉에서 출발하고 있지만 〈소원성취〉와는 거리가 멀다. 외부 현실의 대상은 최초의 충족체험의 그 대상이 아닐뿐더러 그로부터 얻는 지각도 최초의 충족체험에서 비롯된 그 동일한 지각이 아니기 때문이다. 그러나 전의식의 사고동일성을 우회하여 얻는 지각동일성이 환각적 소원의 대체물인 것은 틀림없다.

(2) 또 다른 소원성취, 히스테리 증상

무의식과 전의식의 관계는 어떻게 흘러갈까? "무의식의 조직은 처음부터 존재하는 반면, 전의식의 조직은 살아가는 동안 서서히 형성되어 무의식의 과정을 저지하고, 나이가 들어서야 무의식 과정을 지배하기에 이른다. 이처럼 사고와 판단, 추론, 통제와 같은 기능을 담당하는 전의식이 뒤늦게 형성되기 때문에 무의식적 소원충동으로 이루어진 존재를 파악하거나 완전히 저지하지는 못한다. 전의식의 역할은 당연히 무의식에서 비롯된 소원충동에 합목적적인 길을 지시하는 것으로 그칠 수밖에 없다. 또한 전의식이 뒤늦게 형성되는 결과로, 전의식은 방대한 영역에 걸친 기억 재료에도 힘을 발휘할 수 없다." 그런가 하면 반대로 무의식적 소원충동들은 항상 투여되어 힘을 발휘하기 위해 노력한다. 그것들은 호시탐탐 전의식 조직을 경유해 의식에 이르러 운동성을 지배하려 한다. 그 예로 대낮에 전의식의 표상, 즉 낮의 잔재에 자신의 강도를 이동시켜 꿈-사고를 형성시키는 무의식적 소원충동을 들 수 있을 것이다.

여기서 우리는 꿈의 왜곡에서 살펴본 전의식의 검열, 저항, 비판기능을 떠올리지 않을 수 없다. 도대체 이 검열기능이 어떻게 생겨난 걸까? 투여된 무의식은 끊임없이 전의식으로 길을 내어 의식화의 길을 가고자 한다. 그러나 무의식의 표상이 접

근할수록 전의식은 심한 '불쾌감'을 느낀다. 왜 그럴까? 무의식
에 투여된 흥분이 지각으로 넘어 들어오면, 모든 기억들을 자
유롭게 사용하는 사고 활동이 엄청난 방해를 받기 때문이다.
이 때문에 전의식의 투여는 이 흥분의 방출을 억제하려 한다.
사고는 표상들의 〈강도〉에 현혹되지 않고, 그 표상들 사이를
연결하는 결합에만 관심이 있다. 전의식은 이런 '사고'로써 침
범해 오는 무의식의 표상에 투여된 흥분 에너지를 제어하려는
것이다. 무의식 표상의 접근에 대한 이러한 전의식의 저항, 검
열, 거부, 방어에 프로이트는 〈격리〉라는 용어를 사용한다. 이
로써 무의식의 기억흔적은 전의식으로부터 따로 떼어져 격리
되고, 전의식으로의 접근이 허용되지 않아 의식화의 길이 차단
된다. 그리하여 그것을 '무의식'이라고 부르는 것이다.

이처럼 투여된 기억흔적이 전의식으로 접근하면 전의식은
저항하며 거부한다. 이때 무의식의 전략은 바로 전의식이 수용
할 만한 다른 표상으로 위장·왜곡·변형되는 것이다. 전의식
으로서는 강력한 무의식의 에너지를 전의식의 표상으로 구속
하여 전의식의 사고 활동에 포섭하는 것이다. 이를테면 무의식
의 소원 표상이 자신의 에너지를 전의식의 낮의 잔재로 이동시

킴으로써 논리적이며 합리적인 꿈-사고를 형성시키는 것이 그 예이다. 꿈-사고란 무의식적 소원의 에너지가 전의식의 표상에 이동함으로써 그 에너지가 전의식의 사고 활동으로 구속되면서 형성되는 것에 다름 아니다.

따라서 전의식의 검열·저항이야말로 무의식적 충동으로부터 안전하게 우리의 정신건강을 지키는 파수꾼이다. 전의식의 비판적 검열이 병적으로 약화되거나, 거꾸로 무의식적 충동이 병적으로 강화되어 파수꾼인 전의식이 무의식에 의해 점령된다면 사태는 심각해진다. 환각적 퇴행이 분출하며 무의식적 충동이 운동성을 지배하려 하는 병증, 즉 정신 신경증이 나타날 것이다. 그렇기 때문에 전의식은 수면 등의 이유로 검열이 완화되는 경우에는 반드시 운동성에 이르는 문을 폐쇄한다. 무의식적 충동이 운동성을 지배하며 외부 현실로 분출될 것을 막는 것이다. 무의식적 소원이 은폐되어 있는 꿈-사고의 표상들이 강력한 심리적 에너지를 갖고 있으면서도 의식과 지각을 뚫지 못하고 퇴행하여 환각적 소원성취의 길을 가는 것도 바로 전의식의 검열과 운동성 차단이라는 안전판 덕택이다.

그러나 전의식의 검열로 무의식이 변형·왜곡되면서 형성된 타협물이 꿈의 길만을 가는 것은 아니다. 타협물이 지각으로 직접 분출하면서 환각 증상으로 나타나는 경우도 있다. 바로 히스테리 환각 증상이다. 그 형성은 꿈과 똑같은 경로를 밟지만, 꿈에는 없는 본질적인 특성을 가지고 있다. 꿈이 퇴행하여 최종적으로 지각에 이르면서 환각적 소원성취에 이르는 것처럼, 지각으로 직접 분출되어 의식화되는 히스테리성 환각도 왜곡된 소원성취에 이른다. 프로이트는 다음과 같이 말한다.

우리 정신생활의 두 흐름이 마주쳐 히스테리 증상이 형성된다는 것을 알게 되었다. 히스테리 증상은 단순히 실현된 무의식적 소원의 표현이 아니다. 전의식에서 비롯된 다른 소원이 합세하여 같은 증상에 의해 성취된다. 그래서 증상은 갈등을 빚는 두 조직에 의해 각기 한 번씩 〈최소한〉 두 번 결정되며 꿈에서처럼 그 이상의 중복 결정도 가능하다. 내가 알고 있는 한 무의식에서 유래하지 않은 결정은 항상 무의식적 소원에 반발하는 사고의 흐름이다. 예를 들어 자기징벌과 같은 것일 수 있다. 나는 일반화시켜 이렇게 말할 수 있다. 〈히스테리 증상은 각기 다른 심리적 조직에 근원을 두고 있는 두 개의 대립된 소원성취가 한 표현에서 마주치는 경우에만 생긴다.⟩　　　　　　　　　　— 『꿈의 해석』 659쪽.

　이어 프로이트는 여성 환자의 히스테리성 구토의 사례를 우리에게 제시한다. 그녀의 히스테리성 구토 증상은 아이를 많이 낳고 싶다는 무의식적 소원의 성취로 밝혀졌다. 이 소원은 가능한 한 많은 남자들의 아이를 낳고 싶다는 소원으로 확대되었는데, 이 무절제한 무의식적 소원충동에 맞서는 강한 저항이 일어났다. 무의식과 전의식의 갈등 상황이다. 이 갈등을 타협으로 해결하면서 양쪽 심리 조직의 소원을 성취시키는 증상이 바로 구토이다. 그것은 임신의 증표로서 아이를 낳고 싶은 무의식적 소원성취로 나타난 증상이다. 한편 구토로 말미암아 환자는 아름답고 풍만한 몸매를 잃고 남성들의 관심 밖으로 밀려난다. 구토는 무절제한 소원충동에 대한 징벌이기도 했던 것이다. '구토'라는 하나의 증상에, 임신하고 싶은 무의식적 소원의 성취와 이에 대한 전의식의 비판과 징벌이 딱 겹쳐지고 있다. 두 심리 조직의 소원들이 하나의 증상에 의해 성취되고 있는 것이다. 다른 말로 하면 무의식적 소원의 표상과 전의식적 소원의 표상, 즉 언어기호들이 신경감응을 통해 입이라는 신체기관에 닻을 내리며 구토라는 증상이 나타난 것이다. 따라서 구토라는 증상은 입에 쓰인 언어기호이다.

변형된 무의식적 소원의 표상이 지각을 뚫고 나와 환각되는 사례는 무수히 많다. 이를테면 『히스테리 연구』에 등장하는 '안나 O'는 아버지 병간호를 하다가 뱀 한 마리가 벽에서 나와 아버지를 물려고 하는 장면을 본다. 환시이다. 그녀가 뱀을 쫓아버리려 하자 감각이 마비된 듯했으며 순간 손가락들이 작은 뱀들로 변한다. 뱀을 쫓으려 했지만 무감각과 마비는 뱀의 환각과 결부되어 극심해진다. 다음 날엔 숲 덤불에서 본 나뭇가지도 뱀의 환각을 불러온다. 뱀의 표상은 무의식적 소원 표상의 변형이며 뱀 표상이 환각으로 나타난 신체부위, 즉 손가락의 마비는 전의식적 소원의 징벌일 것이다. 변형된 무의식적 소원 표상인 뱀이 직접적으로 환각된 것은 꿈에서와 같이 왜곡된 소원성취이다. 또 그 변형된 소원 표상, 즉 뱀으로 환각된 신체적 부위가 마비된 것은 무의식적 소원성취를 징벌하는 전의식적 소원의 성취일 것이다.

우리는 앞서 1절에서 프로이트가 무의식과 전의식의 관계를 번역관계로 규정한 것을 살펴보았다. 무의식의 언어기호가 진행 방향으로 나가 전의식의 언어기호로 번역되지 못하는 것을 〈격리〉라고 하며 이것이 정신 신경증의 원인이 된다. 무의식의 표상은 시각적 상형문자로 기록된 것이며, 전의식은 우리가 쓰는 청각적 음성언어이다. 무의식의 시각적 상형문자가 음성언어로 번역, 정확히 말하면 해독되지 못하는 경우 위와 같은 증상으로 나타난다. 거꾸로 말하면 이것을 전의식의 음성언어로 해독해 준다면, 즉 읽어 준다면 증상은 사라진다. 무의식의 시각적 상형문자를 청각적 음성언어로 읽어 주는 것, 이것이 정신분석 치료의 근본적 기법인 말 치료임을 앞서 확인한 바 있다. 앞에서 본 여성 환자의 구토 증상은 신체기관인 입에 쓰인 무의식적 소원의 표상이다. 프로이트는 그 여성 환자로 하여금 꿈의 해석처럼 그것에 관한 자유연상을 통해 전의식적인 언어기호, 즉 우리가 쓰는 말로 표현하게 한 것이다. 그 환자는 자유연상을 하면서 스스로 임신하고 싶어 하는 무의식적 소원충동을 깨닫게 되고, 그에 따라 무의식적 언어기호인 구토 증상은 우리가 쓰는 말로 해독되면서 사라졌던 것이다.

244

(3) 진정한 소원성취, 꿈의 길

우리는 최초의 충족체험에서 맛보았던 그 지각의 향락을 결코 잊지 못하고 그와 동일한 지각을 소원한다. 앞서 본 바와 같이 무의식과 전의식이라는 이중적 심리구조가 인간 심리에 안착이 된 다음에는 무의식에서 지각으로 직접 퇴행할 수 없다. 주체에 깔려 있는 심리의 통사론적 문법, 즉 [충족체험의 지각 → 무의식 → 전의식 → 운동 → 외부 현실로 방출]을 따를 수밖에 없다. 그렇다면 소원성취를 위해서는 어떤 길을 택해야 할까?

통사론적 문법의 길을 밟아 전의식을 우회할 수밖에 없다. 전의식의 검열과 수면 중 운동성 차단이라는 조건 때문에 의식으로 진출하지 못하고, 전의식에서 우회하여 무의식으로 퇴행하는 것이 가능해진다. 전의식에서 퇴행하여 최초의 기억흔적의 연합 체계, 즉 무의식으로 돌아가야만 한다. 결국 투여된 기억흔적은 무의식의 장소로 되돌아가기 위해 전의식으로 진출한 것이다. 무의식의 지대에서 그것이 유래한 지각으로 퇴행하여 지각동일성을 맛보기 위해서이다. 그것이 환각을 통해서만 가능한 소원성취의 길이다. 그것을 프로이트는 다음과 같이 표현하고 있다.

우리가 환각적인 꿈에서 일어나는 것을 묘사하려면, 정동이 '퇴행'하는 길을 간다고 밖에는 달리 표현할 수 없다. 정동은 정신기관의 운동 말초 조직 대신 감각 말초 조직을 향해 나아가며, 결국 지각 조직에 도달한다. 깨어 있을 때 무의식에서 출발하는 심리과정이 전진하는 방향을 '진행' 방향이라고 부른다면, 꿈은 '퇴행'하는 특성을 지닌다고 말할 수 있다. 퇴행은 분명히 꿈-과정의 심리학적 특성 중의 하나이다. […] 우리는 꿈에서 표상이 언젠가 유래한 감각적 형상으로 되돌아가는 것을 퇴행이라 부른다. 그러나 이것에도 합당한 이유가 필요하다. 특별히 새로울 것이 없다면 무엇 때문에 명칭을 부여한단 말인가. '퇴행'이라는 명칭은 우리가 이미 알고 있는 사실을 한 방향을 갖춘 정신기관의 도식과 연결 짓는다는 점에서 의미가 있으며, 여기에서 처음으로 그러한 도식을 만든 보람이 있다. 새삼 깊이 생각할 필요도 없이 꿈 형성의 또 다른 특성이 명백히 드러나기 때문이다.

— 『꿈의 해석』 629-631쪽.

퇴행이 이루어지는 장소는 전의식이며 여기에서 무의식 지대로 퇴행한다. 인용문에서 말하고 있는 것처럼 최종적으로는 무의식의 기억흔적이 비롯된 감각적 형상으로 되돌아가야만 지각동일성을 환각할 수 있다. 그렇다면 투여된 기억흔적이 자신이 유래한 그 지각까지 퇴행하는 경로는 [충족체험의 지각 → 무의식 → 전의식 → 무의식 → 지각(환각)]이 될 것이다.

이 경로에서 진행 방향은 무의식에서 전의식으로의 진출이다. 투여된 무의식은 의식 쪽으로 길을 내기 위해 전의식으로 진출한다. 그러나 있는 그대로는 절대로 전의식으로 진출할 수 없다. 전의식은 무의식적 표상의 진출에 저항하며, 그것을 거부하기 때문이다. 무의식의 표상은 의식 쪽으로 가기 위해서 타협점을 찾는다. 전의식이 수용할 만한 것으로 변형되는 방식이다. 무의식은 한 발 양보하여 변형되어서라도 전의식으로 진출하려 하고, 전의식 역시 무의식적 표상이 전의식의 사고 흐름에 구속될 수 있는 표상으로 변형되면 이것을 눈감아 주는 것이다. 따라서 이 변형된 표상은 무의식과 전의식의 타협물이다. 이 타협물을 꿈-과정의 용어로 바꾼다면 꿈-사고이다. 무의식적 소원 표상에 투여된 심리적 에너지는 전의식적인 표상, 즉 낮의 잔재에 이동되어 있고, 그 낮의 잔재가 일깨우는 전의식적 소원들이 꿈-사고에 잠재해 있는 것이다. 무의식적 소원과 전의식적 소원들은 의식 밖의 외부 대상을 찾아 충족되려 한다. 그러나 수면 중이기 때문에 운동성은 폐쇄되어 있어 의식 밖으로 나가는 길은 차단되어 있다. 그렇다면 변형된 무의식적 소원의 표상이 포진되어 있는 꿈-사고는 전의식의 무대에서 다른 무대인 무의식으로 퇴행할 수밖에 없을 터이다. 통사론적 문법에 의해 전의식을 우회할 수밖에 없었던 것, 다시 말하면 무의식으로 퇴행하기 위해서 전의식으로 진출한 것이다.

그 변형된 타협물, 즉 꿈-사고는 무의식의 언어기호로 환원되는 것이 아니라, 그대로 무의식 지대로 퇴행한다. 그 꿈-사고에는 무의식의 소원 표상이 이동·은폐되어 있다. 전의식과 무의식의 타협물, 즉 꿈-사고의 표상들은 다른 무대에서 오직 소원성취, 즉 지각동일성만을 추구한다. 표상들은 의미와 관계없이 자유롭게 이동·압축된다. 프로이트의 〈norekdal 꿈〉을 상기해 보자. 꿈-사고의 낱말들은 무의식의 지대에서 철자나 발음의 유사성에 따라 압축되며 새로운 낱말 〈norekdal〉을 합성시키지 않았는가. 이르마가 창가에 서 있는 이미지는 그녀의 친구가 서 있는 이미지를 공통성으로 압축하지 않던가. 여러 차례 이동·압축되는 표상들에는 심리적 에너지가 중첩되어 집약되는 순간 방출이 되면서 지각에 이른다. 〈norekdal〉이라는 합성어가 지각되는 순간 프로이트는 동료에 대한 비꼼의 소원을 실현한다. 〈이르마가 창가에 서 있는 자세〉가 지각되는 순간 이르마를 이르마의 친구로 교체하는 소원을 성취한다. 그 지각의 순간은 꿈-내용이 의식화되어 우리에게 오는 순간이기도 하다. 〈심리적 에너지가 집중된 표상〉이 지각, 즉 환각되는 순간은 그 표상에 담긴 전의식적 소원과 그에 은폐되어 있는 무의식적 소원이 성취되는 순간인 것이다.

전의식의 검열기능이 약화되고 운동성이 닫혀 있는 수면 중이라는 조건에서, 우리는 퇴행을 통해 소원성취를 하는 셈이다. 우리는 꿈을 통해 심리 안에 살아 있는 최초의 원시적 흔적, 즉 최초의 충족체험을 변형하여 환각적으로 되풀이한다. 심리의 통사론적 문법의 길을 가면서도 최종적으로 소원성취의 길로 퇴행하는 것이다. 소원충동이 투여된 무의식은 변형되어 전의식으로 진출하고 그 전의식으로부터 우회해서 무의식으로, 그리고 무의식에서 다시 지각으로 퇴행하는 것이다. 수면이라는 조건 아래서 무의식의 기억흔적에 투여되어 문법에 따라 전

의식으로 진출하는 것은, 다시 무의식으로 퇴행하여 최초의 대
상으로부터 오는 바로 그 지각을 재현하기 위한 것임을 알 수
있다. 전의식의 사고동일성을 우회하기 때문에 무의식의 소원
기억은 변형될 수밖에 없음에도 불구하고, 왜곡되어서라도, 그
리고 환각적으로라도 소원을 성취하기 위해서는 무의식으로,
그리고 지각으로 퇴행한다. 그 지각, 즉 환각은 매일 밤 다른
꿈-내용으로 우리에게 의식되는 것이다.

그 경로를 그림으로 나타내 보면 다음과 같다.

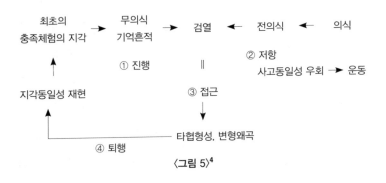

〈그림 5〉[4]

4   임진수, 『소원, 욕망, 사랑』, 파워북, 2015, 85쪽.

4) 꿈-과정의 심리학

우리가 살펴본 환각에 의한 소원성취의 경로는, 첫째, 무의식에서 출발하여 통사론적 문법에 의해 정상화된 진행의 길인 전의식으로 진출하는 길이다. 이때 무의식적 소원 표상은 전의식의 검열을 통과하기 위하여 변형, 왜곡된다, 즉 낮의 잔재에 자신의 강도를 전이시키고 낮의 잔재는 전의식적 소원들을 일깨운다. 둘째, 변형된 무의식적 소원 표상, 즉 전의식적 소원 표상들은 의식화의 길로 나가려고 하지만 끝내 전의식에서 검열에 부딪히고 수면 중 운동성 차단이라는 조건 때문에 전의식에서 우회하여 다시 무의식 지대로 퇴행하는 경로이다. 그 무의식 지대에서는 오로지 지각동일성만을 추구한다. 그것을 구체적인 꿈-과정의 용어로 바꿔서 살펴 보자. 프로이트는 꿈-과정에 대하여 다음과 같이 말한다.

꿈-과정에 관해 인식한 내용을 요약해 보자.

상황은 이렇다. 에너지를 완전히 빼앗기지 않은 낮의 잔재가 깨어 있는 동안의 활동에서 남아 있다가 낮 동안 깨어 있을 때의 활동에 의해 무의식적인 소원 가운데 하나가 활성화된다. 아니면 두 가지가 동시에 발생할 수도 있다. 이러한 여러 가지 가능성에 관해서는 이미 상세히 논한 바 있다. 무의식적 소원은 낮 동안이나 아니면 비로소 수면상태에 돌입할 때 낮의 잔재에 이르는 길을 마련하고 자신을 그것에 전이시킨다. 그러면 최근의 재료에 전이된 소원이 생겨나거나 억압된 최근의 소원이 무의식의 지원을 받아 새로이 활기를 띤다. 이 소원은 한 구성 성분에 의해 전의식에 속해 있으며, 이제 정상적인 사고 과정을 밟아 전의식을 지나 의식으로 뚫고 나가려고 한다. 그러나 소원은 여전히 존재하는 검열에 부딪히게 되고 그 영향에 굴복한다. 그리고 최근의 것으로 전이되면서 이미 시작한 왜곡을 받아들인다. 여기까지 보면 소원은 강박관념이나 망상 등과 유사한 것, 즉 전이를 통해 강화되고 검열을 통해 왜곡된 사고가 되어 간다. 그러나 전의식의 수면상태는 더 이상 접근을 허용하지 않으며, 필경 전의식 조직이 소원운동의 흥분을 가라앉혀 침입을 막을 것이다. 따라서 꿈-과정은 수면상태의 속성 때문에 퇴행의 길로 접어들게 되고, 이 과정에서 다음 조직들의 기호로 바뀌지 않고 다만 부분적으로 시각적인 리비도 투여만으로 존재하는 기억집단이 발휘하는 흡인력에 이끌린다. 꿈-과정은 퇴행하는 도중 형상화를 획득한다.

우리는 나중에 압축에 관해 다루게 될 것이다. 이제 꿈-과정은 여러 번 굴절하는 두 번째 부분을 통과했다. 첫 번째 부분은 무의식적 사건이나 공상들에서 전의식에 이르는 진행의 길이었으며, 두 번째 부분은 검열의 관문에서 다시 지각으로 이어진다. 꿈-과정이 일단 지각 내용이 되기만 하면, 전의식의 검열이나 수면상태가 부과한 장애에서 벗어난 것이다. ― 『꿈의 해석』 662-663쪽.

첫 번째 경로, 무의식이 전의식으로 진출하는 진행의 방향, (〈그림 5〉에서 ①의 과정) 그것은 꿈-과정에서 무엇을 말하는 걸까? 무의식적 소원 표상이 전의식적인 낮의 잔재에 그 강도를 이동시키는 것을 의미한다. 꿈의 시작이다. 그것은 무의식이 전의식의 저항과 검열을 피하기 위해 전의식이 주목하지 않은 사소한 것으로 변형된 것이다. 2장에서 사례로 본 〈풍뎅이 꿈〉의 경우, 무의식적 소원의 강도는 낮의 잔재인 나방에서 풍뎅이로 이동된다. 실제 꿈-자극 요인은 그녀가 결혼 전에 온 편지들을 읽은 사건이지만, 그것은 그녀가 결혼한 달 Mai(5월)을 매개로 풍뎅이Maikäfer에 압축되어 있다. 풍뎅이는 그녀의 결혼생활에서의 소원들을 일깨우며 꿈-사고를 형성한다. 따라서 이 풍뎅이는 무의식의 소원 표상과 전의식의 표상이 만들어 내는 타협물이다. 이처럼 무의식적 소원의 에너지를 지원받은 낮의 잔재는 여러 전의식적 소원들을 일깨워 활성화시킨다. 앞서 여러 번 살펴본 바와 같이 무의식적 소원의 지원이 없이는 절대 꿈은 형성되지 못한다. 이 에너지가 꿈의 원동력이다. 이동된 무의식적 소원의 강도는 낮의 잔재와 그것이 일깨우는 전의식적 소원들로 배분되면서 그것들을 활성화시키는 것이다. 이것이 1, 2장에서 살펴본 여러 사고 흐름으로 이루어지는 방대한 꿈-사고의 형성이다. 강도 높은 무의식의 소원 표상은 전의식적 표상들에 이동되어 구속되면서 사고 과정에 포섭되는 것이다. 따라서 꿈-사고는 명백히 합리적이고 논리적인 전의식적인 언어기호로 구성되어 있으나, 전의식의 주목을 받지 못한 채 그 자체는 무의식적이다. 또한 무의식적 소원의 강도가 이동되어 있어, 그 사고 흐름은 이미 〈무의식으로 끌려들어 간다.〉 이 사고 흐름은 수면상태에서 검열의 약화를 틈타 의식의 방향으로 길을 내려고 한다. 즉 꿈-사고에 포진해 있는 여러 개의 전의식적인 소원들과 변형되어 있는 단수의 무의식적 소원은 수면 중 검열의 약화를 틈타 전의식을 지나 의식화되려

한다. 그러나 약화되었을 뿐 여전히 가동 중인 전의식의 검열에 부딪히는 데다가 수면상태는 운동성마저 차단하고 있다.

두 번째 경로, 전의식의 심역에서 퇴행의 길로 접어든다. 소원 표상이 포진해 있는 꿈-사고는 전의식의 검열에 부딪칠 때, 낮의 잔재에 이동된 무의식적 소원에 의해 시작된 왜곡을 받아들인다. 활성화된 무의식적 소원과 전의식적 소원들은 꿈-사고에 포진된 그대로 무의식 지대로의 퇴행을 택한다. 무의식적 소원의 표상이 변형·왜곡되어 사고동일성 지대인 전의식을 우회하는 것은 지각동일성의 무의식 지대로 퇴행하기 위한 것이다.

무의식 지대로 퇴행한 꿈-사고는 전의식에서와는 전혀 다른 심리적 과정을 겪는다. 무의식 지대는 다른 무대이다. 이 무대에서는 소원하는 일만 가능하다. 소원 표상에 투여되어 있는 지각흥분이 방출되어야 하는 것이다. 그러기 위해서 어떤 기제가 작동할까? 표상들은 특정한 위치나 관계 혹은 의미에 구속되지 않는다. 그것들의 에너지는 한 표상에서 다른 표상으로 자유롭게 이동하며 압축된다. 이러한 과정이 수차례 반복되면 사고 흐름의 강도가 하나의 표상에 집중적으로 압축된다.

〈풍뎅이 꿈〉의 꿈-사고의 흐름에서는 풍뎅이 표상, 즉 이미지가 여러 번 교차하면서 풍뎅이 이미지에 심리적 에너지가 압축된다. 이처럼 이동·압축은 표상들의 언어기호나 이미지를 매개로 이루어진다. 즉 전의식에서의 고정된 의미나 사고와는 전혀 상관없이 언어기호나 이미지로 이동·압축되는 것이다. 또 이 강도가 이동·압축되는 표상들의 경우, 그 의미와는 전혀 관계없이 두운이나 각운처럼 일부만 동음인 낱말이거나 동음이의어는 동등하게 취급되어 서로 대체·교환된다. 우리는 앞서 꿈-작업에서 이와 같은 예를 상세히 찾아보았다. 프로이트의 〈죽은 아버지 꿈〉에서 Obstruktion은 '의회의 의사진행 방해'와 '장폐색'이라는 의미를 갖고 있다. 그러나 꿈에서는 아버지의 장폐색이 의회의 의사진행 방해로 대체되면서 형상화되지 않았는가. 장폐색Obstruktion이 의회의 의사진행 방해Obstruktion로 형상화되다니, 깨어난 후에 의회의 의사진행 방해에서 어떻게 아버지의 장폐색을 찾아낼 수 있겠는가? 자유연상을 통해서도 찾아낼 수 있지만, 꿈의 무대에서 동음이의어의 상호 대체의 원리를 이해한다면 좀 더 적확하게 찾아낼 수 있을 것이다.

이렇듯 다른 무대인 무의식에서 일어나는 꿈-작업이 바로 무의식의 심리기제를 알려 주고 있다. 따라서 〈꿈-작업은 무의식의 활동을 알게 되는 왕도이다.〉 그러면 무의식의 지대에서 이루어지는 꿈-작업에서 전의식은 배제되었는가? 그렇지 않다. 꿈-과정의 시종일관 개입하고 있는 이차가공은 바로 전의식의 몫이다.

그러면 무의식의 지대에서 여러 번 이동하고 압축되어 심리적 에너지가 집중된 표상 —언어기호나 이미지— 은 어떻게 될까? 왜 꿈-작업은 그 표상에 심리적 에너지를 집중시키는 걸까? 앞서 본 바와 같이 그 표상에는 무의식의 소원이 은폐되어 있기 때문이다. 〈풍뎅이 꿈〉을 보면 사소한 낮의 잔재인 풍뎅이 표상에는 결혼생활에 대한 전의식의 소원들과 무의식의 소원이 이동되어 있다. 그 소원을 실현하려면 풍뎅이 표상에 집약된 소원 에너지를 방출시켜야 하는 것이다. 집약된 에너지가 방출되는 즉시, 풍뎅이 표상은 시각적으로 지각(환각)되어 우리에게 꿈-내용으로 의식된다. 앞서 우리는 여러 차례 심리적인 에너지가 압축된 표상이 그 에너지를 방출하여 지각에 이르게됨을 살펴보았다.

이 과정에서 '전의식적 꿈-사고의 논리적 관계는 거의 사라지거나 간신히 표현되고' '지각형상을 제외하고는 모든 표현을 상실한다.' 〈꿈-사고의 구조는 퇴행에서 원재료로 해체된다.〉 그러면 꿈-내용의 지각형상은 꿈-사고의 원재료, 즉 충족체험의 지각에 가닿는다는 말이다. 다시 말해, 〈풍뎅이 꿈〉에서 낮의 잔재인 풍뎅이의 지각형상은 무의식에 기록된 소원지각을 포함하고 있다는 말이다. 프로이트는 위 인용문에서 이것을 다른 방식으로 설명하고 있다. 즉 꿈-내용으로 지각되는 그 지각형상에는, 시각적 리비도 투여만으로 지닌 기억형상들의 흡인력이 작용한다는 것이다. 꿈-내용으로 오는 지각형상에 대한 두 설명은 꿈에 대하여 같은 것을 알려 준다. 꿈은 〈전이를 통하여 최근의 사건으로 변화한 어린 시절 사건의 대체〉라고 볼수 있다. 그 어린 시절의 사건은 원래대로 부활할 수는 없으며 꿈에서 대체, 왜곡된 지각형상으로 환각되는 것이다. 부활할수 없는 어린 시절의 사건이라면 그것은 무의식적 소원지각을 제공한 그 충족체험이 아니고 무엇이겠는가.

결국 지각(환각)되는 그 표상은 낮의 잔재이거나 전의식적 소원의 표상이지만, 그 표상에는 무의식적 표상과 강도가 이동되어 있다. 즉 변형·왜곡된 꿈-내용으로 지각(환각)되는 순간,

전의식적 소원들과 무의식적 소원이 동시에 성취되는 것이다. 〈소원은 왜곡된 형태로 환각적으로 성취된다.〉 그때의 소원은 완전한 지각동일성으로 환각할 수는 없다. 이미 전의식을 우회하면서 꿈-사고로 변형되었기 때문이다. 그렇다면 투여되어 꿈을 만들어 낸 장본인, 무의식적 소원은 성취된 걸까? 변형·왜곡된 꿈-내용에 결코 본래 그 모습이 드러나지 않지만, 자신의 강도를 전이시킨 전의식적 소원에 이동·은폐되어 성취되므로, 변형되고 왜곡되어 성취되는 것이다.

세 번째 경로, 꿈은 일단 지각 내용이 되면, 주의를 끌어 의식에 자신이 알려지는 것에 성공한다. 의식은 지각과 쌍을 이루는 감각기관이라는 것을 앞서 확인했다. 이 지각을 위한 감각기관이었던 의식은 전의식의 기억 조직의 특성을 통해 사고 과정의 일부를 위한 감각기관이 된다. 따라서 의식에는 두 개의 감각면이 존재한다. 지각을 위한 감각면과 전의식적 사고 과정을 위한 감각면이 그것이다. 수면상태에서는 지각을 향한 감각면이 훨씬 더 자극을 민감하게 받는다. 수면 중에 전의식은 사고하지 않으니 말이다. 그래서 꿈은 지각하는 동시에 의식을 자극해 언제나 〈잠을 깨우며〉 쉬고 있는 전의식의 힘 일부를 가동시킨다. 이러한 전의식의 힘으로부터 꿈은 이차가공의 영향을 받는다. 이것이 꿈-과정에서의 세 번째 경로로, 지각에서 의식으로 전진하는 방향을 취한다.

꿈-과정은 무의식적 소원 표상의 [진행-퇴행-진행]으로 이루어지는 굴절 과정이다. 통사론적 문법에 따라 무의식적 소원 표상이 낮의 잔재에 이동된다. 이것이 전의식의 사고로 포섭되어 꿈-사고를 형성하는 진행의 과정을 거친다. 꿈-사고에 은폐된 무의식적 소원이 전의식의 검열에 부딪히면서, 수면 중 운동성 차단을 기회로 무의식 지대로 퇴행한다. 그곳에서 꿈-사고가 꿈-작업을 거쳐 꿈-내용으로 지각(환각)되는 순간, 소원은 왜곡되어 성취된다. 그 지각(환각) 내용은 곧 의식화됨으로써 우리의 잠을 깨우는 진행 방향으로 마무리된다. 그리고 그 꿈-내용은 우리의 해독을 기다리면서 서서히 망각된다. 그 무의식의 메시지를 읽지 않으면 투여되어 활성화되어 있는 무의식적 소원은 여전히 길을 내면서 꿈을 만들어 낼 것이며 거듭 읽어 주지 않으면 그것은 증상으로 자신을 드러내려고 할 것이다.

3. 다시 〈이르마의 꿈〉으로

1) 꿈은 소원성취다

프로이트는 『꿈의 해석』에서 200여 개의 꿈을 분석한다. 그 모든 꿈의 해석은 '꿈은 소원성취'라는 명제에 가닿아 있다. 우리가 이 글에서 살펴본 꿈들도 그렇다. 그러나 꿈 하나하나마다 성취된 소원들은 모두 말로 표현할 수 있는 여러 개의 전의식적 소원들이다. 단 하나의 무의식적 소원을 드러내고 있는 꿈-해석은 단 하나도 없다. 분명 무의식적 소원이 꿈의 시작점이고 원동력인데 말이다. 꿈-해석에서 왜 드러나지 않는 걸까? 첫째, 그것은 말로 표현하기 불가능하기 때문이며, 둘째, 앞서 본 대로 무의식적 소원은 전의식적 소원에 이동되어 왜곡된 채로 성취되기 때문이다. 우리가 그것을 찾는다면 이동된 채 왜곡된 모습일 수밖에 없다.

프로이트가 인류사 최초로 해석한 꿈 〈이르마의 꿈〉도 마찬가지다. 프로이트는 〈이르마의 꿈〉을 자신이 제시한 방법, 꿈-내용을 분해하여 각 구성 요소에 따라 자유연상을 한 결과를 낱낱이 기록해서 꿈-사고를 찾아내어 꿈의 의미를 찾는다. 알 수 없는 상형문자로 이루어진 꿈-내용을 우리가 쓰는 말, 즉 꿈-사고로 해독하는 중에 '아하, 내가 그래서 이런 꿈을 꾸었구나!' 하고 꿈의 의미를 찾아내면서 꿈의 해석에 성공한다. 몇 개의 시각적 장면들과 대화들로 이루어진 꿈-내용으로 보면 그것이 소원성취라고는 짐작조차 할 수 없는데 말이다. 그는 〈이르마의 꿈〉 해석을 마치고 이렇게 말한다. 앞서 1장에서 인용했지만, 다시 보기로 한다.

이것으로 나는 꿈-해석을 끝마쳤다. 이 작업을 하는 동안 나는 꿈-내용과 그 배후에 숨어 있는 꿈-사고를 비교할 때마다 떠오르는 생각들을 전부 억누르기 위해 노력했다. 그러는 동안 꿈의 〈의미〉를 깨닫게 되었다. 나는 꿈을 꾸게 된 동기와 꿈을 통해 실현된 의도 역시 알아낼 수 있었다. 꿈은 전날 저녁 일어난 일들 (오토가 가져온 소식과 M에게 건네기 위한 이르마 병력의 기록)이 내 안에서 일깨운 몇 가지 소원을 성취시킨다. 꿈의 결론은 아직 치유되지 않은 이르마의 병에 대한 책임은 내가 아니라 오토에게 있다는 것이다. 오토는 완치되지 않은 이르마에 관한 말로 나를 화나게 했고, 꿈은 비난을 그에게 되돌려 줌으로써 그에게 복수하는 것이다. 꿈은 이르마의 용태에 대한 이유를(일련의 근거 제시) 다른 곳에서 찾으면서 나를 책임에서 벗어나게 한다. 꿈은 어떤 사태를 내가 원하는 대로 묘사한다. 〈따라서 그 내용은 소원 성취이고 동기는 소원이다.〉 ─『꿈의 해석』 159쪽.

꿈꾸기 전날에 일어난 일들, 즉 낮의 잔재는 프로이트의 소원들 ─이르마의 병은 내 책임이 아니다. 그것은 오토 때문이며 이르마 자신 때문이다─ 을 일깨운다. 1장에 나타난 프로이트의 〈이르마의 꿈〉에서 소원들이 현재형의 시각적 장면으로 직접적으로 묘사되며 성취된다.

꿈에서 이르마는 프로이트의 해결책을 거부하고, 오토는 부적절한 약제를 불결한 주사기로 주사한다. 이렇게 〈이르마의 병이 내 책임이 아니다, 이르마 자신과 오토 때문이다〉라는 소원이 현재형으로 실현되고 있는 것이다. 이뿐만 아니라 오토와 연합되어 있는 이들 ─지도적 인물인 M, M과 유사점을 지닌 프로이트의 형─ 과, 이르마와 연결되는 이들 ─프로이트의 아내─ 까지도 싸잡아서 비난하고 복수한다. 한편 복수와 비난의 대상 옆에는 자신을 지지하거나 호감형인 인물들 —플리스, 이르마의 친구— 이 배치되면서 복수만이 아니라 지지받는 소원도 성취한다. 꿈-사고는 이렇듯 대립적인 사고 흐름들이 맞물리며 배치되어 있다. 비난과 복수의 소원을 성취하는 꿈-사고에는 이와 대립적인 흐름으로 의사로서 책임을 다하지 못한다는 죄책감이 배음처럼 깔려 있다. 우리의 연상과 사고 흐름은 유사성이나 인과성의 원리에 의해서만 구성되는 게 아니라 서로 대립하는 사고를 배면으로 항상 동반하고 있다는 것을 알 수 있다. 따라서 꿈이 소원성취라면 필연적으로 꿈-사고의 어디에서는 두려움이나 죄책감, 또는 불안을 찾아낼 수 있을 것이다. 프로이트는 우리 사고는 결코 '자의적이지 않으며', 판단중지의 원칙을 지키고 자유연상을 하면 꿈-사고를 전부 찾아낼 수 있다고 말한다.

2) 꿈의 배꼽, 무의식적 소원을 찾을 수 있을까?

그러나 우리가 찾을 수 없는 것이 있다. 프로이트는 "완벽하게 해석한 꿈에서도 어떤 부분은 어둠 속에 남겨 두어야 할 때가 종종 있다. […] 그 부분은 꿈이 미지의 것과 연결되는 곳, 꿈의 탯줄과 같은 것이다. 해석 과정에서 부딪치는 꿈-사고는 일반적으로 결말이 없고, 그물처럼 얽혀 있는 우리의 사고 체계와 사방으로 맞닿아 있다. 균사체에서 버섯이 고개를 쳐드는 것처럼. 그물이 보다 조밀한 부분에서 꿈의 소원이 생겨나는 것이다"라고 말한다. 꿈의 탯줄은 소원이 생겨나는 곳, 소원성취를 위한 에너지가 솟아나는 미지의 구멍, 그곳을 말하는 것이 아닐까? 소원, 무의식, 욕동이 결합된 그 어떤 구멍을 말하고 있는 것 같다. 그것이 꿈에서 형상화된다면, 바로 그것이 왜곡·변형되기 이전의 무의식적 소원의 표상일 것이다.

프로이트가 〈이르마의 꿈〉을 해석하면서 무의식적 소원의 표상과 마주쳤을 때 그 역시 어둠 속에 남겨 둬야 했던 것이리라. 그것을 우리가 찾아낼 수 있을까? 우리에게는 그의 '말', 그가 자유연상으로 펼쳐 놓은 꿈-사고 이외에는 없는데 말이다. 그러나 프로이트 역시 말로 할 수 없어 더듬거리는 부분도 있고 꿈-사고에서 이탈하여 각주에서 다른 말로 둘러대는 듯한 부분도 있다. 그 부분이 우리에게 단서가 될 수 있을 것이다. 그것을 실마리로 〈이르마의 꿈〉에 실려 있는 무의식적 소원, 그것이 생겨나는 기원을 찾아가 보자.

나는 이 부분의 숨어 있는 의미를 모두 추적할 수 있을 만큼 충분히 해석하지 않았다는 느낌이 든다. 세 여인의 비교를 계속하면, 원래의 논지에서 너무 많이 벗어날 것이다. 모든 꿈에는 규명될 수 없는 부분이 최소한 한 군데는 있다. 이것은 마치 미지의 것과 연결되는 배꼽 같은 것이다.   — 『꿈의 해석』 151쪽.

프로이트는 꿈의 구성 요소 〈마침내 입을 크게 벌린다〉에 대한 연상을 '그녀는 이르마보다 더 많은 것을 이야기할 것이다'로 마친 후 더 기술하지 않고, 각주에서 위와 같이 따로 설명하고 있다. 프로이트는 세 여인의 비교가 논지에서 너무 많이 벗어나지만, 논지에서 벗어난 바로 그것이 모든 꿈에서 규명할 수 없는 '한 군데'이며 미지未知와 연결되는 배꼽과 같다고 말하고 있다. 앞서 살펴본 것처럼 세 여인은 이르마와 이르마의 친구 그리고 그의 아내이다. 논지에서 너무 많이 벗어나기 때문에 프로이트가 설명하기를 피한 〈그것〉이 무엇일까?

세 여인이 연상의 그물망에 엮여 들기 시작하는 것은, 꿈-내용 중 〈나는 그녀를 창가로 데려가 목 안을 들여다본다. 그녀는 틀니를 낀 여자들처럼 입 벌리기를 거부한다. 나는 그녀가 그럴 필요가 없다고 생각한다〉에 관한 연상부터이다. 우선 실제로는 해 본 적이 없는 이르마의 구강검사를 꿈속에서 하고 있다. 프로이트가 실제 구강검사를 한 여성은 가정교사로, 그녀는 의치를 숨기려고 입을 벌리려 하지 않았다. 가정교사가, 입을 벌리기를 거부하는 이르마에 이동·압축되어 있는 것이다. 가정교사처럼 이르마 역시 프로이트의 구강검사를 거부하지만, 마침내 입을 벌린다.

두 번째 여성은 이르마의 친구이다. 그녀는 〈이르마가 창가에 서 있는 자세〉를 공통성으로 이르마에 압축되어 있다. 〈이르마의 창가에 서 있는 자세〉는 실제로는 이르마의 친구가 취한 자세였다. 연상은 서 있는 자세에서 구강으로 간다. 이르마의 구강은 그녀의 친구의 구강으로 이동해서 친구의 입안에 낀 설태로 간다. 그 친구의 설태는, 프로이트가 들여다볼 때 이르마의 입안으로 이동한다. 그것은 〈하얀 반점과 딱지로 덮인 코하갑개골〉이다.

세 번째 여성은 〈창백한 혈색〉, 〈퉁퉁 부은 얼굴〉을 공통성으로 이르마에 압축되어 있는 인물로, 프로이트의 아내이다. 이르마는 구강검사에서, 아내는 복통에 대한 치료에서 자신의 치부를 드러내지 않으려 해서 다루기 힘들다는 공통성도 있다. 프로이트는 이르마와 아내를 사랑스럽게 다루지 않았다는 것을 각주에서 따로 말한다. 그와 달리 이르마의 친구는 자신에게 치료를 요구하는 상상까지 할 정도로 자신의 환자로 받아들이고 싶다고 생각한다.

프로이트는 왜 이 부분의 숨어 있는 의미를 추적할 만큼 충분히 해석하지 않았을까? 이르마와 프로이트 아내가 구강검사나 복통검사를 거부하는 것은 수치심 때문일 터, 그 수치심은 노출욕동과 관련이 있을 것이다. 한편 꿈을 꾼 것은 프로이트 자신이므로 이렇게 바꿔야 할 것이다. 〈나는 의사이니까 당연히 입을 벌리게 해서 입안과 목구멍을 들여다볼 수 있다〉라고 말이다. 프로이트로 주어를 바꿔 놓으면 그의 관음욕동이 드러난다. 구강검사나 복통검사를 거부하는 두 여인에 대하여 비난을 하는 것도 자신의 관음욕동이 드러난 것에 대한 방어가 아니었을까? 프로이트가 충분히 해석하지 않은 것은 이러한 자신의 관음욕동과 그에 대한 부끄러움 때문일 것이다. 따라서 입을 벌리고 들여다보는 구강검사에서 수치심을 갖는 것은 여성들이기도 하지만 프로이트 자신이기도 하다. 이러한 맥락에서 프로이트가 말하기를 거부하는 장면이 하나 더 있다.

〈옷을 입고 있는데도〉 물론 이 말은 그저 삽입구에 지나지 않는
다. 소아과 병동에서는 당연히 어린이들의 옷을 벗기고 진찰한
다. 그것은 성인 여성 환자들을 진찰할 때와는 어떤 면에서는 반
대된다. 언제나 환자들의 옷을 벗기지 않고 진찰하는 경우 명의
라고들 이야기한다. 그 이상의 것은 나도 알 수 없다. 솔직히 말
해 더 이상 이 문제에 깊이 들어가고 싶지 않다.

— 『꿈의 해석』 154쪽.

꿈-내용의 구성 요소인 〈옷을 입고 있는데도〉라는 부분에 대
한 연상에서 프로이트는 거의 짜증에 가까운 태도를 보인다.
소아과 병동의 어린이들은 옷을 벗기고 진찰하지만, 성인 여성
들의 경우에는 옷을 벗기지 않아야 한다는 것이다. 명의일수록
옷을 벗기지 않고 진찰한다는데 아마 그는 명의였을 것이다.
그는 더 이상 이 문제에 깊이 들어가고 싶지 않다며 연상을 중
단한다. 역시 자신의 관음욕동에 관련된 연유로 깊이 들어가기
를 거부하는 것으로 보인다.

이르마의 구강검사에서 프로이트는 여러 연상을 에두른다. 그의 구강검사와 관련된 연상을 좀 더 쫓아갈 필요가 있다. 그것과 관련된 꿈-내용을 살펴보자.

나는 그녀를 창가로 데려가 목 안을 들여다본다. 그러자 그녀는 틀니를 끼운 여자들처럼 거부하는 몸짓을 한다. 나는 그녀가 그럴 필요는 전혀 없다고 생각한다. 마침내 그녀가 입을 크게 벌린다. 나는 우측에서 커다란 반점을 하나 발견한다. 다른 쪽에서는 코의 하갑개골을 본뜬 것 같은 기이한 주름진 형상에 회백색의 커다란 딱지가 앉아 있는 것이 보인다. 나는 급히 의사 M을 부른다.

― 『꿈의 해석』 146쪽.

그는 이르마의 목 안쪽 우측에서는 〈커다란 반점〉, 다른 쪽에서는 〈코의 하갑개골을 본뜬 것 같은 기이한 주름진 형상에 회백색의 커다란 딱지가 앉아 있는 것〉을 목격한다. 그리고 갑자기 당황한 듯 장면이 휘어지면서 바뀐다. 그리고 이어 〈하얀 반점〉에 대한 연상은 이르마 친구의 입안의 설태, 그의 장녀가 앓았던 중병의 공포로 이어지고, 〈코 하갑개골 딱지〉에 관한 연상은 자신의 코 점막 부기를 억제하기 위한 코카인 사용으로, 자신이 발견한 코카인의 마취 성분으로 코 점막이 마비된 여성 환자와 코카인 과다사용으로 죽은 친구로 흘러간다. 우리가 찾으려는 무의식적 소원과는 대립되는 죽음에 대한 공포의 사고 흐름으로 보인다.

그러나 정작 이 〈코 하갑개골 딱지〉는 그의 친구 플리스의 연구를 떠올릴 때 정곡을 찌르며 재등장한다. 〈트리메틸아민〉이라는 꿈의 구성 요소에 대한 연상에서 코 하갑개골과 여성 생식기와의 관계를 규명한 친구 플리스의 연구를 떠올린다.

〈트리메틸아민〉. 꿈속에서 나는 이 물질의 화학방정식을 본다. 어쨌든 이것은 내 기억이 애써서 노력했다는 증명이다. 게다가 이 방정식은 문맥상 특히 중요하다고 강조하려는 듯 굵은 활자로 쓰여 있다. 그런 식으로 주의를 끈 트리메틸아민은 내게 무엇을 말하려는 것일까? 한 친구와 나눈 대화가 뇌리에 떠오른다. 그 친구와는 몇 년 전부터 서로 계획 중인 연구에 대해 잘 알고 있는 사이이다. 당시 그는 내게 성화학에 대한 생각을 털어놓았으며, 무엇보다도 성적 신진대사의 산물 가운데 하나가 트리메틸아민

이라고 논했다. 따라서 이 물질은 성생활이라는 문제로 내 생각을 유도한다··· (중략)

나는 트리메틸아민의 화학방정식이 꿈속에서 강조된 이유를 짐작한다. 이 하나의 낱말 속에 많은 중요한 것들이 집약되어 있다. 트리메탈아민은 강력한 성적 요인뿐 아니라 한 인물을 암시한다. 나는 내 견해가 세상에서 외면당했다고 느끼더라도 그 한 사람만 동의하면 만족할 수 있다. 내 인생에서 그렇게 중요한 역할을 하는 친구가 꿈속의 사고 흐름에 나타나지 말란 법이 있겠는가? 당연히 없다. 그는 비염과 비강염의 영향에 관한 뛰어난 전문가이며, 코 하갑개골과 여성 생식기의 주목할 만한 여러 관계를 학문적으로 규명했다(이르마의 목에 보이는 세 개의 곱슬곱슬한 모양). 나는 위 통증의 원인이 코에 있는지 알아보기 위해 그에게 이르마를 진찰해 달라고 부탁했다. 그러나 사실은 그 자신도 코의 염증으로 고생하고 있어 내 걱정을 사고 있다. 꿈의 병독 전이에서 떠오른 농혈증은 분명 그것과 관계있을 것이다.

— 『꿈의 해석』 157-158쪽.

위 인용문은 〈트리메틸아민C3H9N〉이라는 구성 요소의 연상 내용이다. 트리메틸아민은 성적 신진대사의 산물 중 하나이며 바로 그것을 연구한 중요한 인물을 암시한다. 그는 〈내 견해가 세상에서 외면당했다고 느끼더라도 그 한 사람만 동의하면 만족할 수 있다〉라고 표현되는 플리스이다. 그만큼 그의 견해는 프로이트에게 전적으로 신뢰를 얻고 받아들여진 것이다. 그는 문제의 코 하갑개골과 여성 생식기의 관계를 학문적으로 규명했다. 그 문장 뒤에 프로이트가 괄호를 쳐서 〈이르마의 목에 보이는 세 개의 곱슬곱슬한 모양〉이라고 써넣은 것은, 그것이 코 하갑개골이자 여성 생식기의 모양이라는 것을 말하기 위해서이다. 그렇다면 〈이르마의 목에 보이는 세 개의 곱슬곱슬한 모양〉과 앞서 꿈-내용에서 말한 〈코의 하갑개골을 본뜬 것 같은 기이한 주름진 형상〉은 같은 것이어야 할 텐데, 그 표현으로 보면 이 둘을 같은 것이라고 보기가 어렵다. 이럴 경우 번역을 의심할 수밖에 없다. 우선 독일어 원문에서 〈코 하갑개골〉은 〈Nasenmuscheln; cornets du nez〉으로, 정확한 번역어는 〈코 선반〉이다. 〈코 선반〉은 세 개로 이루어져 있어서 보통 〈상비갑골, 중비갑골, 하비갑골〉이라 불리며, 〈하갑개골〉은 그중 맨 아래 하나만을 지칭하는 말이다. Nase는 〈코〉를 뜻하고 Muscheln

은 〈조개〉를 말한다. 그렇다면 답은 나왔다. 이르마의 목에 보이는 〈세 개의 곱슬곱슬한 모양〉은 〈상중하 세 층의 조갯살〉이라고 해야 한다. 그리고 그것은 코 선반이자 여성의 생식기 모양과 같다.

자, 그렇다면 프로이트가 이르마의 목 안에서 본 〈코 선반을 본뜬 것 같은 기이한 주름진 형상〉은 바로 여성의 생식기 형상이다. 프로이트의 기억흔적, 즉 무의식에 기록되어 있는 것은 바로 관음욕동의 대상인 여성 생식기의 흔적이었던 것이다. 아마도 어머니의 생식기를 충격적으로 목격하면서 그것이 기록된 기억흔적일 확률이 높다. 이르마의 목에 있는 코 선반의 형상, 그것은 사실은 피하고 싶었던 관음욕동의 대상이었던 것이다. 어머니의 남근이 있어야 할 자리에 있었지만, 남근이 아닌 코 선반처럼 주름진 형상, 즉 거세된 어머니의 생식기를 목격했다고 봐야 할 것이다. 관음욕동의 대상인 여성 생식기가 꿈에서 〈코 선반을 본뜬 것 같은 기이한 주름진 형상〉으로 이르마의 입안에 형상화된 것이다. 꿈은 입을 벌리기를 꺼려 하는 이르마를 묘사하면서 〈이르마의 병의 책임은 프로이트의 해결책을 받아들이지 않는 이르마의 책임이다, 내 책임이 아니다〉

라는 전의식적 소원을 실현한다. 동시에 이르마의 목 안의 〈코 선반을 본뜬 것 같은 기이한 주름진 형상〉을 보면서 여성의 거세된 생식기를 보고 싶은 원초적 관음욕동이 환각적으로 충족되고 있는 것이다.

그의 무의식에는 관음욕동의 흥분을 야기시키고 충족시킨 그 대상이 흔적으로 기록되어 있으며, 꿈에서 그 대상은 이르마 입안의 〈코 선반을 본뜬 듯한 기이한 주름진 형상〉으로 형상화되어 표현을 얻고 있다. 여기서 꿈은 최초의 충족체험의 원재료 —관음욕동의 대상인 여성 생식기의 지각형상— 에까지 가닿아 있다. 관음욕동을 충족시킨 대상(생식기)로부터 얻은 지각을 환각적으로 맛보고 있는 것, 즉 무의식적 소원의 성취이다.

주목할 것은 이 환각은 충족체험이라기보다 끔찍한 놀람, 곧 경악으로 이어진다는 점이다. 프로이트는 다음과 같이 연상을 한다.

〈나는 목에서 하얀 반점과 딱지 덮인 코 하갑개골을 본다.〉 하얀 반점은 디프테리아와 동시에 이르마의 친구를 상기시키지만, 그

외에도 근 2년 전 내 장녀가 앓았던 중병重病과 그 힘든 시기에 느꼈던 공포 역시 연상시킨다. 코 하갑개골의 딱지는 나의 건강에 대한 염려를 주지시킨다. 나는 당시 성가신 코 점막 종창을 억제하기 위해 자주 코카인을 사용하고 있었으며 나를 따라 코카인을 사용한 어떤 여성 환자의 코 점막이 넓은 부위에 걸쳐 마비되었다는 소리를 며칠 전에 들었다. 나는 1885년 최초로 코카인을 권장한 이후 심한 비난을 받았다. 일찍 세상을 떠난 내 친한 친구한 사람은 그 약제를 남용하여 죽음을 재촉했다.

— 『꿈의 해석』 151쪽.

인용문에 따르면 이르마의 〈목에서 하얀 반점과 코 하갑개골〉, 즉 여성의 생식기를 목격한 사건은 장녀의 중병으로 느꼈던 〈공포〉를 떠올린다. 번역본에서는 〈공포〉로 번역했지만 독일어 원본은 〈Schreck〉으로 적확한 번역어는 〈경악〉이다. 경악은 준비되어 있지 않은 상황에서 갑자기 들이닥친 위험에 대한 끔찍한 놀람이다. 최초의 관음욕동의 충족체험에서 오는 지각의 재현이자 그 지각을 제공하는 대상을 되찾은 것일 터, 왜 경악하게 되는 걸까?

프로이트에 따르면 남자아이든 여자아이든 남근의 장소에는 응당 남근이 있어야 한다고 생각한다. 물론 오인이다. 남자아이에게는 남근이 있고 여자아이에게는 질이 있지만, 아이들은 남근의 장소에 남근이 있는지 없는지에 따라 성별을 구분한다. 여자아이의 질의 존재를 모르는 것이다. 그렇기 때문에 여자아이의 그 장소에 남근이 보이지 않을 때에는 그것이 작아서 좀 더 자라면 남근도 커질 거라고 생각한다. 그러나 오이디푸스기 남자아이들은 그 장소에 남근이 보이지 않을 때 깜짝 놀란다. 트라우마가 될 만큼 경악한다. 왜? 남근이 거세되었다고 오인하면서 어마어마한 거세 불안을 느끼기 때문이다. 그것은 죽음에 가까운 불안이다. 프로이트가 말한 계통발생적인 거세 환상이 작동하는 현장이다. 그렇다면 프로이트의 기억흔적에 기록된 것은 바로 어머니의 부재하는 남근, 즉 거세 현실이다. 프로이트가 꿈에서 환각으로 되찾은 것은 바로 이 거세 현실이었으며, 그것은 끔찍한 경악을 느끼게 했던 것이다. 어린 시절 프로이트가 목격한 어머니의 거세로부터 온 지각은 바로 경악이었음을 알 수 있다.

　앞서 우리는 무의식적 소원을 '말로 할 수 없는 것'이라고 했다. 그러나 우리는 명백하게 '프로이트가 이르마의 목 안에서 발견한 것은 관음욕동의 대상인 어머니의 부재하는 남근, 거세의 기억흔적이며, 원초적인 관음욕동의 대상으로, 프로이트로 하여금 경악지각을 느끼게 했고, 그것을 꿈에서 목격하는 순간 그 경악의 지각을 재현했다'라고 말하지 않는가. 좀 더 살펴보자. 프로이트는 처음에는 〈코 선반을 본뜬 것 같은 기이한 주름진 형상에 회백색의 커다란 딱지가 앉아 있는 것〉이라고 말한다. 그것은 섬뜩한 어떤 물질로서 언어기호로 결코 명명할 수 없는 대상이다. 깜짝 놀랄 정도로 끔찍한 어떤 물질이자 형상인 것이다. 이어 〈세 개의 곱슬곱슬한 모양, 상중하 세 층의 조갯살〉이라고 하며, 자신이 신뢰하는 플리스에 의한 이론을 근거로 코 선반과 여성 생식기와의 관계를 떠올린다. 이때 프로이트는 〈코 선반을 본뜬 것 같은 기이한 주름진 형상에 회백색의 커다란 딱지가 앉아 있는 것〉이 무엇인지 깨달았을 것이다. 프로이트가 그것을 말하지 못한 것은 그것이 여성 생식기여서 수치심을 느꼈기 때문이 아니라, 이름 붙일 수 없는 기이한 어떤 실재, 언어 밖의 사물이라는 의미에서 '말로 할 수 없는 것'이었기 때문이다. 여기서 그것을 언어의 그물로 포획한 것이 '어머니의 부재하는 남근, 거세 현실' 또는 '어머니의 생식기'이다.

우리는 그것을 어떻게 찾을 수 있었나? 그가 제시한 꿈-해석 방법 —꿈-내용을 분해하여 구성 요소마다 각각 자유연상을 통해 꿈-사고를 찾는 것— 을 바르게 이해하고 그가 실제로 자신이 제시한 방법에 따라 자유연상을 통해 구성한 꿈-사고를 정밀하게 탐색하며 읽는다면, 그가 어둠 속에 남겨 두어야 했던 부분, 꿈의 탯줄, 소원이 생겨나는 부분을 찾을 수 있는 게 아닐까? 게다가 그는 자신의 관음욕동에 부딪치면 연상을 중단하거나 꿈-사고를 벗어나 각주에 실마리를 남기기까지 하지 않았는가. 그것은 마치 프로이트가 환자의 자유연상 중에 망설이는 부분, 갑자기 사고 흐름을 벗어나는 부분, 말을 하지 않고 침묵을 지키는 부분, 망각이 일어나는 바로 그 부분이 환자의 무의식으로 들어가는 아주 작은 문이라는 것을 프로이트가 포착해 내는 것처럼, 우리에게 그의 무의식, 꿈의 탯줄이자 소원이 생겨난 곳을 찾을 수 있는 실마리를 던져 주는 것 같다.

그는 그렇게 실마리를 제공해 놓고서 짐짓 다음과 같이 말한다.

이 꿈을 좀 더 다루어 더 많은 설명을 이끌어 내고 그것이 제기하는 새로운 수수께끼를 논할 수 있을 것이다. 나는 그 밖의 사고 흐름을 추적하기 위해 꿈의 어느 부분에서 시작해야 하는지도 알고 있다. 그러나 자신의 꿈을 해석하는 경우 고려해야 하는 여러 가지 이유 때문에, 이것으로 해석을 마칠 수밖에 없다. 너무 조심스러운 일이 아니냐고 성급하게 질책하려는 사람이 있다면 나보다 더 솔직할 수 있는지 직접 시도해 보아야 할 것이다. 지금 나는 새로이 얻은 인식으로 만족한다. ─『꿈의 해석』162쪽.

설혹 그가 수치심 때문에 '덜 솔직해서' 꿈의 탯줄을 찾지 않고 어둠 속에 남겨 두었다 해도, 『꿈의 해석』 전체를 통해 차례차례 드러나는 꿈의 비밀 앞에서 그것은 사소한 문제이지 않을까? 우리말 번역본으로 700여 페이지가 넘는 『꿈의 해석』 전체가 인류사 최초로 밝혀진 꿈의 원리, 무의식과 소원, 그리고 심리 체계의 구성과 꿈-형성 과정으로 이루어져 있지 않은가?

꿈의 연구는 선사시대부터 프로이트에 이르기까지 줄곧 계속되었고, 프로이트는 학자다운 성실함으로 그 지루하고 체계 없는 연구들을 모두 분류하고 정리해서 우리에게 보여 준다. 그것들에는 단선적인 꿈의 비밀은 있을지언정 꿈의 보편적 원리를 밝힌 것은 없었다. 프로이트가 선행연구와는 완전히 다른 과학적이며 합리적인 꿈의 해석 방법을 창안한 것은, 꿈-내용과 꿈-사고라는 개념적 도구의 발명이 결정적이었다. 꿈에서 깨어난 후 각성상태에서 꿈-내용을 구성 요소로 분해하여 그 구성 요소에 따라 각각 자유연상을 해서 우리가 쓰는 말로 표현해 주는 것, 그것이 꿈-사고이다. 그는 꿈의 해석은 이 두 꿈을 연결해 주는 것이라고 하면서 놀라운 명제 '꿈-사고와 꿈-내용은 하나의 내용을 두 개의 다른 언어로 묘사하는 것과 같다'를 제시한다. 두 꿈은 다른 언어로 된 동일한 텍스트로, 서로 번역관계라는 것이다. 상형문자로 된 꿈-내용을 우리가 쓰는 말로 번역, 해독하는 것이 꿈-해석이라는 것을 입증한다. 자신이 제시한 꿈-사고를 찾는 방법으로 프로이트는 인류사 최초로 꿈의 해석에 성공한 것이다. 우리가 1장 그리고 3장 말미에서 살펴본 〈이르마의 꿈〉 해석이 그것이다. 꿈의 해석에 성공한 뒤 그가 플리스에게 편지를 보내면서 환호한 것을 우리는 기억한다. 그것은 그 과정에서 꿈의 핵심 원리 〈꿈은 소원성취이다〉를 발견한 것에 대한 환호였다. 꿈-내용은 불쾌하기 짝이 없지만, 꿈-사고를 구성해 보면 그것은 소원성취라는 것이 드러난다. 프로이트는 꿈의 왜곡이 일어나는 이유를 추론하면서, 소원을 만들어 내는 심역과 그것을 검열하는 심역, 두 심역의 존재를 가정한다. 꿈의 원리를 통해 우리의 심리 체계로 성큼 우리를 이끌어간다. 그에 따라 꿈의 핵심 원리는 〈꿈은 (억압되고 억제된) 소원의 (위장된) 성취이다〉로 보완된다. 많은 이들이 꿈-내용으로 〈꿈은 소원성취〉라는 것을 부인하며 자신의 불쾌한 꿈을 프로이트에게 내놓는다. 프로이트는 그들이 꿈-사고를 찾도록 해서 그들의 불쾌한 꿈이 명백히 소원성취임을 입증해 낸다. 이 두 심역 사이에서 이루어지는 꿈을 설명하기 위해 프로이트는 꿈의 필수적 요소를 검증한다. 전의식적 요소인 낮의 잔재와 무의식적 소원을 담은 어린 시절의 기억 표상이 각각 꿈의 필수적인 재료라는 것을 자신의 꿈을 해석함으로써 실증적으로 검증하고 선행하는 꿈-이론의 모순을 짚어 낸다.

꿈-내용과 꿈-사고라는 개념적 도구는 또 다른 꿈의 비밀을 우리에게 드러낸다. 거꾸로 각성상태의 꿈-사고를 수면상태의 꿈-내용으로 번역하는 꿈-작업이 어떤 것인지 낱낱이 밝혀진다. 꿈-작업은 무의식이라는 다른 무대에서 이루어지는데, 그 다른 무대에서는 각성상태의 언어기호와는 전혀 다른 방식으로 표상들이 움직인다. 방대한 양의 꿈-사고가 몇 행 되지 않는 꿈-내용으로 표현되는 압축, 꿈-사고의 중요한 요소가 꿈-내용에서는 사소한 것으로 전이되는 이동, 꿈-내용으로 지각 가능하도록 하는 시각적 형상화, 그리고 이차가공이 하나씩 촘촘하게 설명된다. 그 꿈-작업이야말로 꿈의 본질이며, 다른 무대에서 꿈이 만들어지는 비밀 —꿈-작업은 무의식을 알게 하는 지름길— 의 핵심이다.

마지막 『꿈의 해석』 7장에서는 꿈의 해석을 넘어서 우리의 심리 체계가 어떻게 구성되는지, 무의식과 소원의 관계는 무엇인지, 무의식과 전의식의 심리 체계를 진행·퇴행하면서 어떻게 꿈이 형성되는지가 낱낱이 밝혀진다. 최초의 충족체험이라는 설득력 있는 가설로부터 시작되는 우리의 심리 형성은 인간화의 시작이자 무의식과 소원의 비밀을 밝히는 열쇠이다. 이어 심리 체계의 구성에 이르기까지 우리의 눈을 틔워 준다. 이러한 심리 체계와 연계되어 구성되는 꿈-과정으로 보면 꿈은 무의식과 전의식의 타협물이며 무의식적 소원과 전의식적 소원들이 환각적으로 실현되는 현장이다.

이제 우리가 대낮에 학교에서 수업을 듣고, 혹은 직장에 다니면서 일상생활을 꾸려 나가는 동안, 투여된 무의식이 끊임없이 우리의 일상생활로 스며 나오고 있다는 사실을 알게 되었다. 결코 잊히지 않는, 망각될 수 없는 무의식은 꿈이 되어, 말실수로, 재담으로 혹은 증상으로 우리를 찾아온다. 환한 대낮에 우리의 꿈의 배꼽, 무의식적 소원은 우리 일상으로, 햇빛 가운데로 나오려 한다. 아주 사소한 어떤 것에 자신의 강도를 이동시키고 그 사소함은 의식에서 밀려난 미진한 소원들을 불러내고 있을 것이다. 해독되기를 간절히 원하면서 우리에게 꿈으로 오는 무의식적 소원, 전의식적 소원들을 한번 해독해 보기를, '아하, 그래서 내가 이런 꿈을 꾸었구나!' 하는 경이로운 경험을 하기를 권하면서 이 긴 글을 마친다.

· 세창명저산책은 계속 이어집니다.